飛星紫微斗數

這樣學最快懂

兩岸網路斗數教學第一名師

教你一次就會紫微斗數精華

周星飛◎著

編者自序

「文化若失傳，吾輩何以見祖宗！」「讀書即是救人、救命。」

我對紫微斗數有很多的夢想跟理想。這兩句話，正是我的核心思想。

五術（山醫命相卜），正是先聖先賢的智慧精華，是中國文化的特點，要教導學生學習五術，必須要擺正心態、安立目標，有過程和方法。分別論述情況與解決的辦法。

現在的學生跟教導者、算命者、學五術者或是問命者，常見心態有幾種情況：

1、不瞭解因果，學習五術當作賺錢工具。

2、從事這個行業，學藝不精、造作口業而害人不淺。

3、問命者，不盡人事而聽天命，該作的不作，只想天上掉下來好事，或是聽到有不好的事，就心慌慌，到處亂問。

4、教導者、算命者或是學五術者，不知所學的對錯，非我門派，一律打壓、抹黑、鄙視。

5、教導者、算命者，以教導五術賺大錢。

以上幾點，都容易造成學習五術走向偏差的理由。

所以，試著說明如何擺正心態、安立目標的問題：

就是正明因果。命盤就是「因果」。

分對象來說：

1、對問命者或是學習者來說：

先不要多說佛教上的因果。瞭解自己的個性，會造成什麼結果，這個才是重點。打人被打、欠債還錢，天經地義，這種因果必須先瞭解。人生不順利的時候，多忍耐，積極造善因！順利的時候，也要避免個性上的盲點、判斷錯誤的時候。引人向善，才是學習命理的大用。

2、對算命師、解命者來說：

學習五術，即是修行。先聖留下五術，是為了讓人好好的修行，積德行善。口業即是因果。論命的技術當然要正確無誤，口德也要多注意。學命理者，先誠心正意，後謹守口業。千萬不要為了錢、名聞利養而扭曲命理。聞道有先後，術業有專攻，尊重每一個人的學習，才是廣結善緣。

那怎麼做，才有良好的過程跟方法呢？

常見學習斗數的方法上有幾個情況：

1、一般市面上有關斗數的書籍，常常言不及義，無關命理；或是太多的宗教、太少的命理；或是太高深的理論，無法印證的學理。

2、發明「高深的名詞」讓後學者產生極大的興趣，投入學習之後，有了疑問，無所詢問而適從，阻礙擾亂後學者的學習之路。

3、學了之後，沒有人可以指導，或要花錢才能拜師，就很難自己學習進步的，或是看書看網路學習，資料眾多真真假假無法辨別，也常常容易誤入歧途。

4、雖然，學的是同一個門派，但是，也不見得有一致的理論。更何況每個人所學習的，也不一定只有單一門派，所獲得的經驗，也不見得一致，容易讓後學者產生大混亂。

所以，本人的教學過程跟方法，主要說明有三：

1、傳承：擺正心態。對紫微斗數而言是希夷先生大智慧的結晶，要尊師重道。

2、不誤人子弟：一切的命理，必須經過印證再印證，才能寫進書裡。

本人拜於梁若瑜老師的門下，學習飛星紫微斗數的理論。梁老師自身學習30年的功力。雖然，其實際命例論斷常覺得囉嗦，不夠快、狠、準，但是，其理論是千錘百鍊之後，能讓後學者不走偏，能穩穩地學習命理，學習久了必有小成。梁老師跟本人，寧願慢而穩，深怕誤人子弟，禍害大且遠矣。

3、建立學習架構，系統化的學習，組織化的學習。有學習跟教導的過程和方法，能讓命理更快速更正確的傳播下去。

(1)、學習架構：梁派飛星不一定是最強的。但是一定是最穩當的。有命理、有課程，統一教學。

(2)、系統化學習：有命例、有錄音、有錄影、有飛星網站，有討論群組，有人教。

(3)、組織化學習：教學一定要有人教，才會有人學習。不然，門派容易散掉，不會集中力量的。梁派飛星在網路上，已經利用qq，集合了眾多學習者。分三階級學習：幼幼群，初級群，高級群。每一群，需要學習不同的基礎。教學相長，互相印證所學。

此書以梁派飛星為基礎，書中多採用梁老師的文章內容，並整理過往的教學經驗與心得。讓後學者更快能系統地學習「梁若瑜老師飛星紫微斗數」。讓梁老師的心願「我不要後學者走冤枉路，我不要後學者以不正確的命理自誤誤人，因果律是如影隨形」，能夠早日實現。

我本人的心願：「文化若失傳，吾輩何以見祖宗！讀書即是救人、救命。」也不希望把這個中國文化，就在我輩手中斷掉了。更不希望，把我這個所學，帶到棺材裡。能讓所有的學習者，安心立命，先救自己，再救別人，穩定社會人心。我心願足矣！

並祈求所有的師長能長久住世、身體健康！

周星飛 敬筆 2014/09/01

著名的梁師發願

過往花絮——梁若瑜

民國七十五年，夏夜晚飯後，連襟欲往某濟公神壇問明牌而相邀為伴。茶餘飯後，反正閒也閒著，欣然共行。

連襟一路敘述該濟公神壇明牌極準，香火鼎盛。到達目的地，果然人聲沸鼎。連襟謂余既來之則安之促掛號，不問明牌也可以問事。

好吧！我就問斗數學習是否能更上層樓？叫號到我，師父問：人皆想錢問明牌，獨你與眾不同，問啥事？答：問斗數學習，名師何處覓？

但見師父慢條斯理，倒酒三杯命我喝，云：喝了才說！喝畢，師云：該有的師緣都經過了，剩下的自己好好用心悟吧！

天啊！斗數的路是這麼難走，一路以來是悟了些許道理。挽鏡自憐，白髮蒼蒼矣！

剩下的心願是：我不要後學者走冤枉路，我不要後學者以不正確的命理自誤誤人，因果律是如影隨形。

簽到與否，在我個人感覺，似乎不是那麼重要。我最希望的是有心在此家族，願：

一、斗數共進階。

二、他日若有小成，謹守口業，為人解惑啟善，行功立德！

三、所有有緣人，福壽康寧！

後續：

恩師說得真好！怎樣才叫謹守口業呢？

答：謹守口業是：任何對人可能造成心理傷害的話，都應謹慎、婉轉。譬如於當事者面前，斷人離婚與死亡，切勿好高欲凸顯功力而直言傷人，造成恐懼、偏激而壞人前途。

尤以火候未成熟時，切勿斬釘截鐵陳述。最好心存善念，感同身受地用心於苦難者。

梁若瑜老師的師承

命學精深，本可匡世，用作扶傾，為人決疑解惑。所謂命者，乃累世所積之因，今世所得之果也。善因善果，惡因惡果，顯於命盤，絲毫不爽。

奈何世風日下，江湖術士，用以惑世，害人匪淺；是以頑愚小人得之，如虎添翼，遺禍人間。故學命者應修善業，匡正己心，否則知法犯法，墮阿鼻更速。

鄙恐誤傳小人而禍世，猶豫矛盾，遲不成章。益友曰：天地有德傳精華，如得而不薪傳，是欲將吉人智慧沉棺化土乎？汝有罪！曰：君子無罪，懷璧其罪。汝恐流入頑徒，然善者何辜？善念雖佳而不得圓滿，智慧遠矣！

職此之故，茅塞頓開，執筆雖不成章。鄙之於斗數，初聞道於中和周清河老師，復得至友徐靜觀先生反複敘述，稍具心得；始以論命十數年，稍具心得。

敝帚不敢自珍，望善者玩味：書中命例皆有真人可考，非憑空虛構。後學者若有所得，用之濟世，鄙願足矣。

庚辰年春 若瑜謹識

前言：學習命理的「好處」與「壞處」

在開始學習命理之前，學習命理的好壞之處與應有的心態在此先行告知。以下搭配古人心得與故事做為論述參考。論述重點如下：

一、積不善之家，必餘殃。（學習命理的壞處）

二、積善之家，必有餘慶。（學習命理的好處）

三、求算者的心態。

一、積不善之家，必餘殃。（算命的壞處）

以前安徽定遠縣城隍廟門口有一副對聯：

淚酸血鹹，悔不該手辣口甜，只道世間無苦海；

金黃銀白，但見了眼紅心黑，哪知頭上有青天。

又如《太上感應篇》所說：「禍福無門，唯人自召；善惡之報，如影隨形。」

學風水歷來有這樣的儀軌，即在拜師時要在祖師牌位前立誓：「夭、貧、孤任擇其一」。

既然風水是趨吉避凶之術，為何掌握此術的風水師多有夭、貧、孤、殘、瞎的淒涼結局呢？

難道，古人留下來的五術，是要讓人墮入地獄的方便之門？

如易經、坤卦、《文言》所言：「積不善之家，必有餘殃。」錢來得不乾淨，也必定去得輕鬆，留下的只是無盡的業力。

二、積善之家，必有餘慶。（算命的好處）

以下文章出自《道德叢書》——〈不費一文錢的口頭功德感動異類〉

江西地方，有一位曾經做過御史的田公，他的住宅左邊，有一間空屋，夜裡常常有狐狸精在屋裡作祟：拍桌子、拋器物、燒紙、潑水……滋擾不堪。

田御史曾親自禳祝，用了各種方法，都不能將狐狸精驅除。後來聽說，鄰村有位姓孫名永的相士，精通易數，能驅邪降妖。就派僕人去邀請他來家中占卜驅邪。孫永相士到來時，天色已晚了，就安排他住宿在那間有狐狸精作崇的空屋裡。

夜深人靜後，田御史就派僕人去觀察動靜，過了一會兒，那個僕人回稟道：「今夜狐狸精不吵鬧。我聽到狐狸精作人語道：『這位孫相士，是有道德的人，天神都很欽敬他。今夜孫相士住宿在此間，我們不可侵犯！』說完了這幾句話，就寂然沒有聲息了。」

田御史聽完了僕人的這段報告，心中已有幾分明白。第二天，就請孫相士帶眷屬來住在那屋裡。夜間又派僕人去察探，僕人回報說：「狐狸精又作人語道：『現在孫相士住此處了，我們應當迅速遠避才好。』」從此，這屋裡的狐患就平息下來。

後來，田御史將兩次所聽到的狐語去問孫相士：「你平生究竟有何種德行，竟能感動異類？」

孫相士沉思了好一會兒，回答道：

「我自以命相薄技，僅能糊口，沒有什麼功德建樹！我平日只是替人算命相面，占卜休咎時，因機乘便，常常勸人以改過遷善，挽回定數；對於貌應夭亡的人，就勸他戒殺放生，常存慈心，以延壽限；對於時運蹇薄的人，勸他扶危濟困，廣積陰德，以邀福祉；對於運正亨通的人，就勸他惜福散財，廣行佈施，以保長泰；對於命中無子的人，就勸他戒淫節慾，修德行善，以求子嗣。我隨機勸導，志專利人，每以誠懇的態度，婉轉的語調，將「命由天定，禍福自招」的道理，勸人修心補相。能夠接受我的勸告，從此回心修善，終於轉禍為福，而得長壽的人，也很不少。我這樣改蹇命為吉命的借術勸人，已有三十年了。狐語所指，大約就是我這點不費一文錢的口頭功德吧！其實這種功德，何人不能做，何止是我才能做呢？可惜他人不肯做罷了。」

田御史聽完後，感慨、讚嘆地說：「先生能以命相小術，誠心勸人，歷久不倦，終得上感天帝，下格異類！我現在才知道：金錢、權位，遠不及存心利人的功德。我很悔恨當初為官時，不能廣修濟世利人的功德，將很好的機會，白白的辜負了。到如今只落得為異類所揶揄，真是慚愧極了！」

後來，孫相士活到八十歲。有兩個兒子，都中了舉人，很受人尊敬。這正是其父口舌勸人的餘慶吧！

三、求算者的心態

來算命的目的無非是趨吉避凶。運能不能改？一張符咒就改變了？一個風水就擺平了？如果花錢就能消業？那五行缺的是「錢」而已！

人生一切都靠自己，因為一次算命就給自己的人生下斷語，那跟傻子沒有什麼區別。積極向上，多做善事，真的會發現運氣在一點點變好，心態擺好，路才能走好。

有個故事：某人去算命。

「您正當運，擋都擋不住！」

算命先生道喜：「唯一要注意的，是別跟也正當運的人鬥，兩虎相鬥，必受傷！就好比鑽石戒指不要跟鑽石戒指磨擦一樣的道理。」

「那麼表示我可以跟不當運的人去鬥囉？」

「那也不行！」算命先生沉吟了一下：「當運的人去欺侮不當運的，是不厚道。不厚道的人，運走不長！」

「照您這麼說，我是誰也不能鬥了！」

「可不是嘛！人在運上，愈要謙沖自牧，不但不能鬥人，即使有點小虧，也不妨吃著。」

算命先生笑道：「有福氣，不獨享，讓大家分享，福澤才綿長！」

結論幾點：

1、先盡人事，而後聽天命。不要把未來寄望於命理師的斷語，有可能會斷錯的。

2、不要把自己該做的事都不做，一心守株待兔。

3、天上給你的一毛不會少，但是給你了，你有沒有福德去享用這些福報？也就是能不能留得住呢？

4、積德行善才是人生的重點。

初學梁派飛星之學習概要

甲、梁派飛星派紫微斗數課程的綱要主旨：

1、使飛星派紫微斗數的師生在互相學習過程中，學習基礎的統一。
2、有助於教導者在教導的過程中，「確定照順序教導」及「重點不漏掉」。
3、有助於後學者在學習的過程中，「確定照順序學習」及「重點不漏掉」。
4、指導者跟後學者可以拿這個綱要做檢查，看有沒有學到或教到。

乙、學習梁派飛星派紫微斗數的特點：

1、命理理論架構完整。
2、命盤實例多，錄音、錄影多。
3、學習者眾多（網路上很多）。

4、有學習群，不斷地教學相長。

丙、學習順序：

1、忌轉忌，祿轉忌↓一定要搞懂

2、課程主旨，照著上面課程一個一個學習，不懂就提出來問。

3、梁派飛星象義要背。

4、多背梁老師的命例，多看錄影、多聽錄音！

5、一定會有「學習黑暗期」，怎麼學，好像都不進步，這個「黑暗期」必須多抄，多背、多看、多想、多跟人交流，才會度過的。度過之後，命理就小成了！千萬別灰心而放棄。

丁、學習群的學習目標及說明：

一、初級群考試改革

初級群升級到高級群的考試，考試方式以PPT發卷考試為主，如果雙方時間不合適，可以用定時發送郵件的形式進行考試，任何形式的考試答題時間不得超過120分鐘，答題完畢後請重新回傳，或發送到考官的郵箱，答題請用word文檔，作答前先要複製考試題目，然後單獨另起一行作答。

第1次考試未通過者，1週後可以繼續申請考試；第2次考試未通過者，1週後可以繼續申請考試；第3次和第3次以後考試未通過者，2週後再進行考試。

考試內容分成兩個部分：

第一部分：找流年，流月，流日（共7題）；借盤的靜盤（1題）；借盤交祿，交祿權，交忌（共11題）；翻書找象義（共2題）。

第二部分：四化的涵義（共4題）；星性（共10題）；宮位元的廣大涵義（共5題）；命盤中四個三方（共2題）；遷移交友破，容易產生的現象，任意寫兩個出來。如：

遷移交友破，容易產生：

1、特立獨行，超有個性。

2、孤僻感很重。

3、知己少。

4、變成宅男女。

5、沒心機，不會待人處世。

所有考試內容均不超出《六七二象義》書的範圍。

二、評判標準

第一部分，錯誤最多2個，達到3個考試不通過。第二部分，錯誤最多2個，達到3個考試不通過。

超過考試時間沒有回傳考卷（不接受任何的附帶理由），考試不通過。

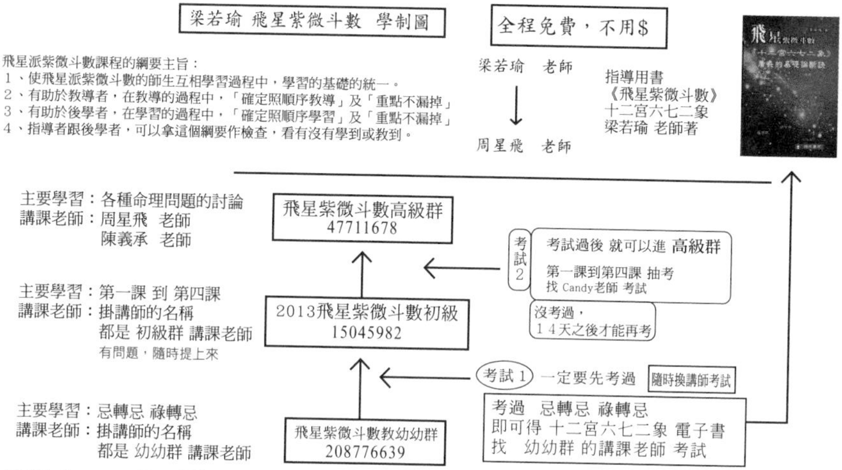
梁若瑜 飛星紫微斗數 學制圖
全程免費，不用$
飛星派紫微斗數課程的綱要主旨：
1、使飛星派紫微斗數的師生互相學習過程中，學習的基礎的統一。
2、有助於教導者，在教導的過程中，「確定照順序教導」及「重點不漏掉」
3、有助於後學者，在學習的過程中，「確定照順序學習」及「重點不漏掉」
4、指導者跟後學者，可以拿這個綱要作檢查，看有沒有學到或教到。
梁若瑜 老師
周星飛 老師
指導用書
《飛星紫微斗數》
十二宮六七二象
梁若瑜 老師著
主要學習：各種命理問題的討論
講課老師：周星飛 老師
陳義承 老師
飛星紫微斗數高級群
47711678
考試2
考試過後 就可以進 高級群
第一課到第四課 抽考
找 Candy老師 考試
沒考過，
14天之後才能再考
主要學習：第一課 到 第四課
講課老師：掛講師的名稱
都是 初級群 講課老師
有問題，隨時提上來
2013飛星紫微斗數初級
15045982
考試1 一定要先考過
隨時換講師考試
主要學習：忌轉忌 祿轉忌
講課老師：掛講師的名稱
都是 幼幼群 講課老師
飛星紫微斗數教幼幼群
208776639
考過 忌轉忌 祿轉忌
即可得 十二宮六七二象 電子書
找 幼幼群 的講課老師 考試

http://bbs.fxzw.com.cn/thread-882-1-1.htmal

祿轉忌，忌轉忌 的手法介紹

備註：

1、自化的交祿與交祿權不在考試範圍內，不用考慮。

2、答案只需根據題目要求寫出一種正確情況即可，不必把所有形式都羅列出來。

3、借盤的交祿，交祿權，交忌，必須寫出飛化、象義和結論。如果題目沒有做特殊要求，只要寫出命盤中所顯現的正確飛化和象義及結論就是正確的。如果題目做特殊要求，必須根據題目要求作答。

初級群主要目的就是想讓大家掌握住基礎手法，在手法掌握的基礎上自學星性和宮位的廣大涵義，良好的基礎知識有助於更好的提高水準。

壹、斗數基礎

貳、斗數進階

參、綜合補充心得

壹、斗數基礎

一、命盤常識

（一）、認識「十天干化曜表」

干為「天」，支為「地」。有所謂氣之流行（因時間流轉而變化），而在天成「象」，在地成「形」。四化為象，必倚天干而化；不同的天干，衍生出了不同的化象。下表為十天干化曜表，請後學者務必熟記之。

表1-1 十天干化曜表

天干＼四化	化祿	化權	化科	化忌	口訣
甲干	廉貞	破軍	武曲	太陽	甲廉破武陽

乙干	天機	天梁	紫微	太陰	乙機梁紫陰
丙干	天同	天機	文昌	廉貞	丙同機昌廉
丁干	太陰	天同	天機	巨門	丁陰同機巨
戊干	貪狼	太陰	右弼	天機	戊貪陰右機
己干	武曲	貪狼	天梁	文曲	己武貪梁曲
庚干	太陽	武曲	太陰	天同	庚陽武陰同
辛干	巨門	太陽	文曲	文昌	辛巨陽曲昌
壬干	天梁	紫微	左輔	武曲	壬梁紫左武
癸干	破軍	巨門	太陰	貪狼	癸破巨陰貪

註：壬（rén）、癸（guǐ）、弼（bì）；五筆：壬（tfd）、癸（wgd）、弼（xdb）。

聽到不少初學的朋友不會唸這些字。這裡標注正確的發音，供大家學習參考。

1、十天干：甲（jiǎ）、乙（yǐ）、丙（bǐng）、丁（dīng）、戊（wù）、己（jǐ）、庚（gēng）、辛（xīn）、壬（rén）、癸（guǐ）。

2、十二地支：子（zǐ）、丑（chǒu）、寅（yín）、卯（mǎo）、辰（chén）、巳（sì）、午（wǔ）、未（wèi）、申（shēn）、酉（yǒu）、戌（xū）、亥（hài）。

（二）、命盤上的所有符號

1、十天干：十天干（甲乙丙丁戊己庚辛壬癸）

(1)、陽干：甲丙戊庚壬：主大。

(2)、陰干：乙丁己辛癸：主小。

主大、主小的運用方式，比如說貪狼是甲木、天機是乙木，那貪狼主「大樹」，天機主「小樹」。其他金木水火土，以此類推！

2、十二地支：十二地支（子丑寅卯辰巳午未申酉戌亥）

十二地支分別可表示年、月、時、十二方位、人體對應器官。

十二生肖跟命盤的關係（流年的算法）

<table>
<tr><td>巳蛇
巳</td><td>午馬
午</td><td>未羊
未</td><td>申猴
申</td></tr>
<tr><td>辰龍
辰</td><td colspan="2" rowspan="2">十二生肖跟
命盤的關係

這個是固定的，2010是虎年
每個人流年命宮都是（寅宮）

但是每個人命盤　寅宮的宮位
名稱不一定是一樣的</td><td>酉雞
酉</td></tr>
<tr><td>卯兔
卯</td><td>戌狗
戌</td></tr>
<tr><td>寅虎
寅</td><td>丑牛
丑</td><td>子鼠
子</td><td>亥豬
亥</td></tr>
</table>

以下分別說明之：

(1)、**配年**：配十二生肖

子為鼠、丑為牛、寅為虎、卯為兔、辰為龍、巳為蛇、午為馬、未為羊、申為猴、酉為雞、戌為狗、亥為豬。

請對照上圖的十二生肖與命盤的關係來學習。

命盤與方位圖

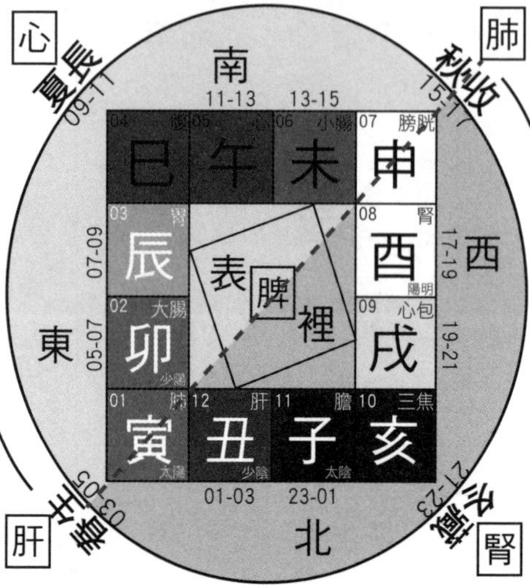
南
北
東
西
升
降
心
肺
肝
腎
長夏
秋收
春生
冬藏
09-11
11-13
13-15
15-17
17-19
19-21
21-23
23-01
01-03
03-05
05-07
07-09
04 脾 巳
05 心 午
06 小腸 未
07 膀胱 申
08 腎 酉 陽明
09 心包 戌
10 三焦 亥
11 膽 子 太陰
12 肝 丑 少陰
01 肺 寅 太陽
02 大腸 卯 少陽
03 胃 辰
表
脾
裡

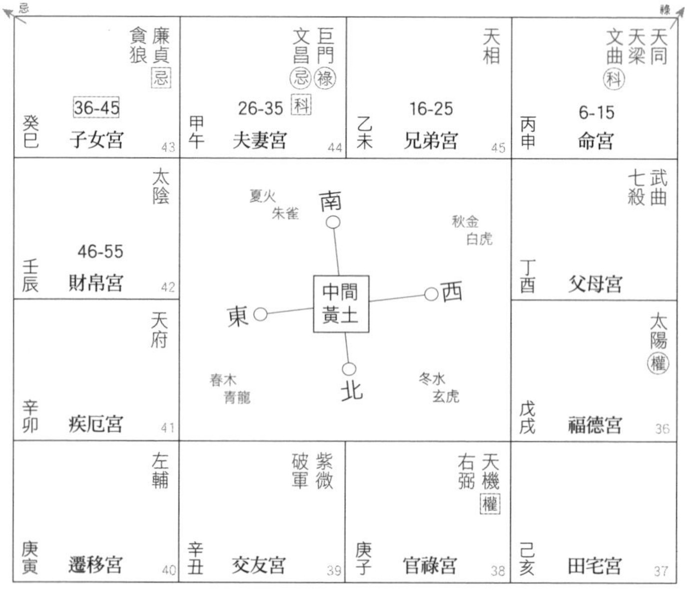
忌
祿
廉貞 貪狼 忌
36-45
癸巳 子女宮 43
巨門 祿 文昌 忌
26-35 科
甲午 夫妻宮 44
天相
16-25
乙未 兄弟宮 45
天同 天梁 文曲 科
6-15
丙申 命宮
太陰
46-55
壬辰 財帛宮 42
武曲 七殺
丁酉 父母宮
天府
辛卯 疾厄宮 41
太陽 權
戊戌 福德宮 36
左輔
庚寅 遷移宮 40
紫微 破軍
辛丑 交友宮 39
天機 右弼 權
庚子 官祿宮 38
己亥 田宅宮 37
夏火 朱雀
南
秋金 白虎
西
中間 黃土
東
春木 青龍
北
冬水 玄虎

(2)、**配月**：十二個月，四季

寅、卯、辰，主春天；

巳、午、未，主夏天；

申、酉、戌，主秋天；

亥、子、丑，主冬天。

請對照上圖的命盤與方位圖來學習。

(3)、**配時**：十二時辰，用中醫的角度來理解十二時辰。這個也可以研究病症。

十二地支和時辰的關係分別是，子時為 23-1 點，丑時為 1-3 點，寅時為 3-5 點，卯時為 5-7 點，辰時為 7-9 點，巳時為 9-11 點，午時為 11-13 點，未時為 13-15 點，申時為 15-17 點，酉時為 17-19 點，戌時為 19-21 點，亥時為 21-23 點。

請對照上圖的命盤與方位圖來學習。

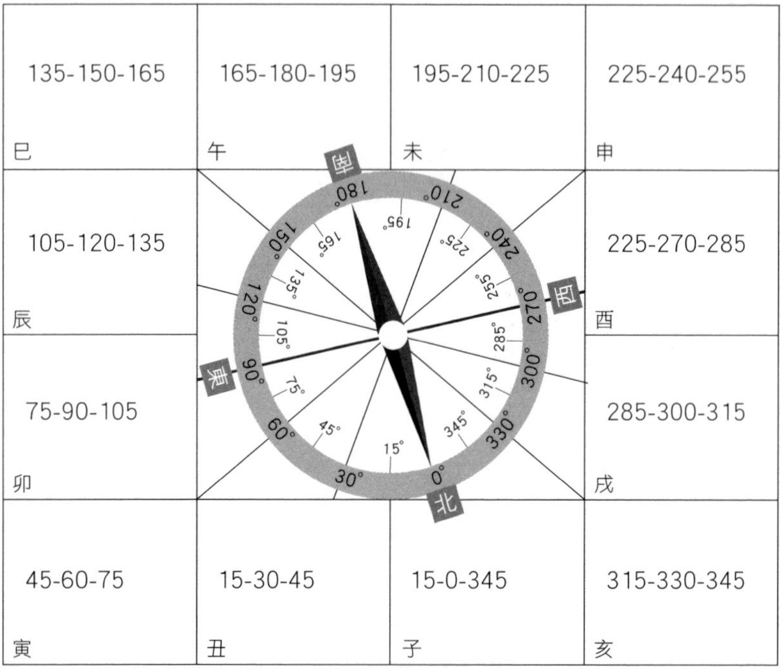
135-150-165
巳
165-180-195
午
195-210-225
未
225-240-255
申
105-120-135
辰
225-270-285
酉
75-90-105
卯
285-300-315
戌
45-60-75
寅
15-30-45
丑
15-0-345
子
315-330-345
亥
南
西
東
北

(4)、配十二方位：子是正北、午是正南、卯是正東、酉是正西。如上圖。方位學，可以找出「貴人方」，可以用在「斗數陽宅學上」。

命盤與人體對應圖

忌
祿
廉貞 忌 貪狼
癸巳 36-45 子女宮
巨門 祿 忌 文昌 科
午為頭
甲午 26-35 夫妻宮
天相
乙未 16-25 兄弟宮
天同 天梁 文曲 科
丙申 6-15 命宮
太陰
壬辰 46-55 財帛宮
科
武曲 七殺
丁酉 父母宮
天府
辛卯 疾厄宮
忌
權
權
太陽 權
戊戌 福德宮
左輔
庚寅 遷移宮
紫微 破軍
辛丑 交友宮
天機 權 右弼
子為北方水
子為人下陰
庚子 官祿宮
己亥 田宅宮

午為頭

巳右肩 未左肩

辰右臂 申左臂

卯右腰 酉左腰

寅右大腿 戌左大腿

丑右小腿 亥左小腰

子為人下陰

(5)、配人體對應圖：午是頭，正南、陽氣重；子是人下陰，正北、陰氣重。想像把命盤貼在一個人的胸部，就知道是哪一邊了。如上圖。

請看配套影音：http://v.youku.com/v_show/id_XMjU4MDAzNjEy.html

歲數的算法　一個人一出生就是（1歲）

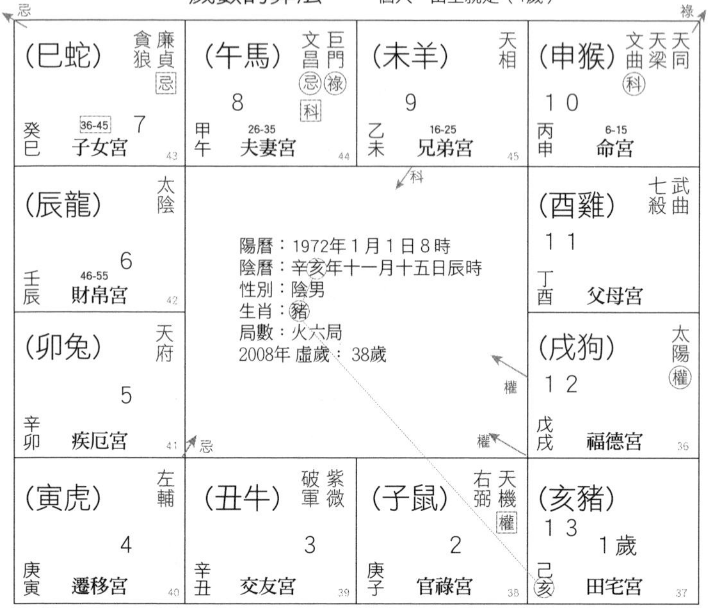

忌
祿
(巳蛇) 廉貞 貪狼 忌
癸巳 36-45 7 子女宮 43
(午馬) 巨門 文昌 祿 忌 科
8
甲午 26-35 夫妻宮 44
(未羊) 天相
9
乙未 16-25 兄弟宮 45
(申猴) 天同 天梁 文曲 科
10
丙申 6-15 命宮
科
(辰龍) 太陰
壬辰 46-55 6 財帛宮 42
(酉雞) 武曲 七殺
11
丁酉 父母宮
陽曆：1972年1月1日8時
陰曆：辛亥年十一月十五日辰時
性別：陰男
生肖：豬
局數：火六局
2008年 虛歲：38歲
(卯兔) 天府
5
辛卯 疾厄宮 41
(戌狗) 太陽 權
12
戊戌 福德宮 36
權
權
忌
(寅虎) 左輔
4
庚寅 遷移宮 40
(丑牛) 紫微 破軍
3
辛丑 交友宮 39
(子鼠) 天機 右弼 權
2
庚子 官祿宮 38
(亥豬)
13 1歲
己亥 田宅宮 37

3、歲數的演算法：

1歲從生肖宮位起，每個人一出生就是1歲。

生肖宮位指的是命主出生的那一年所屬生肖的宮位。所有的命盤都是用「虛歲」。如上圖。

（子鼠）（丑牛）（寅虎）（卯兔）（辰龍）（巳蛇）（午馬）（未羊）（申猴）（酉雞）（戌狗）（亥豬）……

這個生肖，可以找出「適合的貴人的生肖」、「適合對象的生肖」。提供參考。

命盤符號介紹：箭頭向外：自化
箭頭向內：四化入對宮

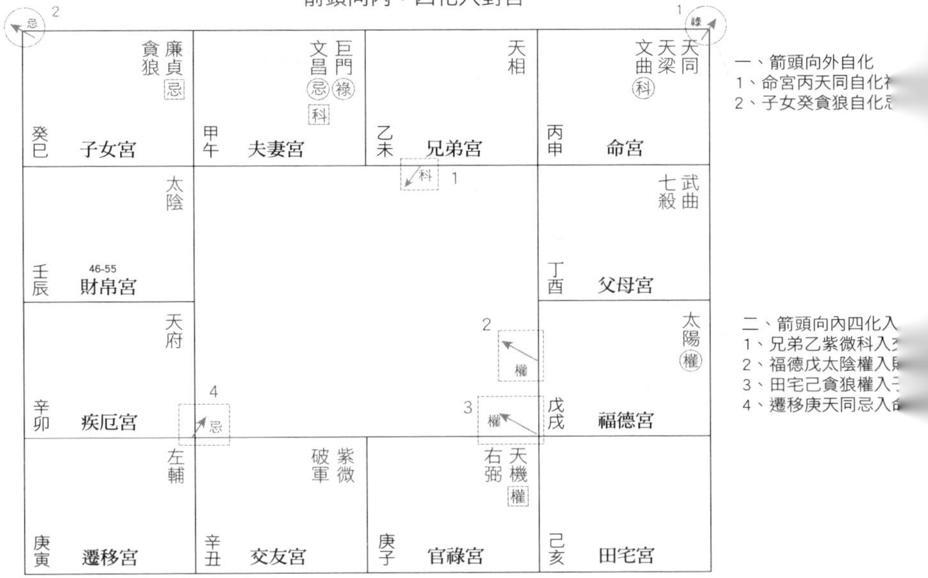
廉貞 貪狼 忌
癸巳 子女宮
巨門 祿 文昌 忌 科
甲午 夫妻宮
天相
乙未 兄弟宮
天同 天梁 文曲 科
丙申 命宮
太陰
壬辰 46-55 財帛宮
武曲 七殺
丁酉 父母宮
天府
辛卯 疾厄宮
太陽 權
戊戌 福德宮
左輔
庚寅 遷移宮
紫微 破軍
辛丑 交友宮
天機 右弼 權
庚子 官祿宮
己亥 田宅宮
一、箭頭向外自化
1、命宮丙天同自化
2、子女癸貪狼自化
二、箭頭向內四化入
1、兄弟乙紫微科入
2、福德戊太陰權入
3、田宅己貪狼權入
4、遷移庚天同忌入

4、名詞解釋

(1)、箭頭向外：

沒有化出到他宮的，就叫「自化」，箭頭向外。

1、命宮丙天同自化祿，箭頭向外。

2、子女宮癸貪狼自化忌，箭頭向外。

(2)、箭頭向內：

有看到箭頭向內？那就叫「四化入對宮」。

1、兄弟宮乙紫微化科入交友宮。

2、福德宮戊太陰權入財帛宮。

3、田宅宮己貪狼權入子女宮。

4、遷移宮庚天同忌入命。

請看配套影音：http://v.youku.com/v_show/id_XMjU4MDA1MTEy.html

(3)、化出、化入的名詞解釋：

如下圖，父母宮化出丁太陰祿，化入財帛宮，所以：

A、父母宮是「化出」。

B、財帛宮是「化入」。

(4)、祿照、權照、科照、忌沖的名詞解釋：

（原則上，祿權科用照，忌用沖，方便區別）

對照下圖

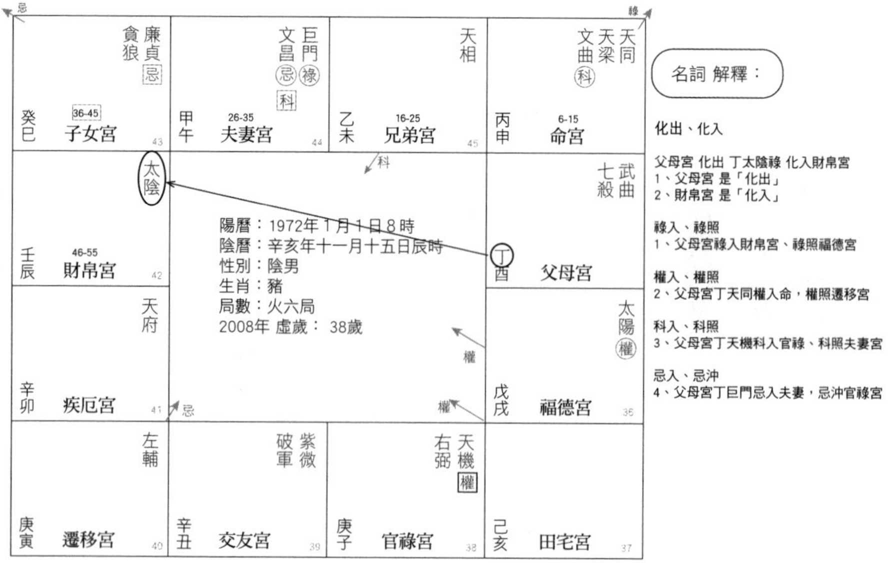

廉貞 貪狼 忌
癸巳 36-45 子女宮 43
巨門 祿 文昌 忌 科
甲午 26-35 夫妻宮 44
天相
乙未 16-25 兄弟宮 45
天同 天梁 文曲 科
丙申 6-15 命宮
太陰
壬辰 46-55 財帛宮 42
武曲 七殺
丁 酉 父母宮
陽曆：1972年1月1日8時
陰曆：辛亥年十一月十五日辰時
性別：陰男
生肖：豬
局數：火六局
2008年 虛歲： 38歲
天府
辛卯 疾厄宮 41
太陽 權
戊戌 福德宮 36
左輔
庚寅 遷移宮 40
紫微 破軍
辛丑 交友宮 39
天機 右弼 權
庚子 官祿宮 38
己亥 田宅宮 37
忌
祿
科
權
權
忌
名詞 解釋：
化出、化入
父母宮 化出 丁太陰祿 化入財帛宮
1、父母宮 是「化出」
2、財帛宮 是「化入」
祿入、祿照
1、父母宮祿入財帛宮、祿照福德宮
權入、權照
2、父母宮丁天同權入命，權照遷移宮
科入、科照
3、父母宮丁天機科入官祿、科照夫妻宮
忌入、忌沖
4、父母宮丁巨門忌入夫妻，忌沖官祿宮

A、祿入、祿照：父母宮丁太陰「祿入」財帛宮，「祿照」對宮福德宮。

B、權入、權照：父母宮丁天同「權入」命宮，「權照」對宮遷移宮。

C、科入、科照：父母宮丁天機「科入」官祿宮，「科照」對宮夫妻宮。

D、忌入、忌沖：父母宮丁巨門「忌入」夫妻宮，「忌沖」對宮事業宮。

參考梁派《飛星命理》之6—何謂〈忌入、忌沖跟什麼作用〉來看。

一、生年丙廉貞忌入夫妻，沖官祿

1、忌入：生年忌入夫妻↓對感情有責任感！感情上有債！

2、忌沖：沖官祿↓不想工作、逃避工作、工作閒、工作表現不佳、沒工作。

二、命宮辛文昌忌入福德

1、忌入：命忌入福德↓重視自己的喜好，執著於自己的精神想法！

2、忌沖：沖財帛↓不想賺錢、偏執喜好花錢花在自己的「享受」！

所以忌入任何一宮，必然會沖對宮的！

那麼進一步來看，忌入跟忌沖有什麼不一樣的情況呢？以生病來解釋，如果是忌入疾厄，或是忌入父母沖疾厄，這兩種都會「生病」，那忌入疾厄的話，生病，就會有「長時間的生病」病得比較久，但是不一定會很嚴重，就像是感冒，可能會好幾個星期都好不了，就是一直咳。

如果是忌入父母沖疾厄的話就可能會很嚴重，像感冒這種小病，也容易變成要去住院打點滴。但是過了沖的時候，病就會好了。好像什麼事都沒發生過一樣。

所以，忌入疾厄，「穩定，但就是要長時間」，忌入父母，沖疾厄，會有「很不穩定之象」，但如果沒有死的話，過了病就好了。

以上部分內容請看配套影音：http://v.youku.com/v_show/id_XMjU4MDY1NjMy.html

http://bbs.fxzw.org/thread-1676-3-1.html

(5)、何謂「體」、「用」

A、本命盤，為「體」

1命宮 2兄弟 3夫妻 4子女 5財帛 6疾厄 7遷移 8交友 9官祿 10田宅 11福德

12父母

B、何者為「用」

B1：大限、流年為用

B2：借盤看六親為用

用：

B1：命宮（大限田宅、流年疾厄）

B2：兄弟的命宮（兄弟宮）、兄弟的兄弟宮（夫妻宮）

請參照下圖範例解釋

請看配套影音：何謂「體、用，怎麼運用」http://bbs.fxzw.org/thread-1674-3-1.html

請看配套影音：體用解釋 http://v.youku.

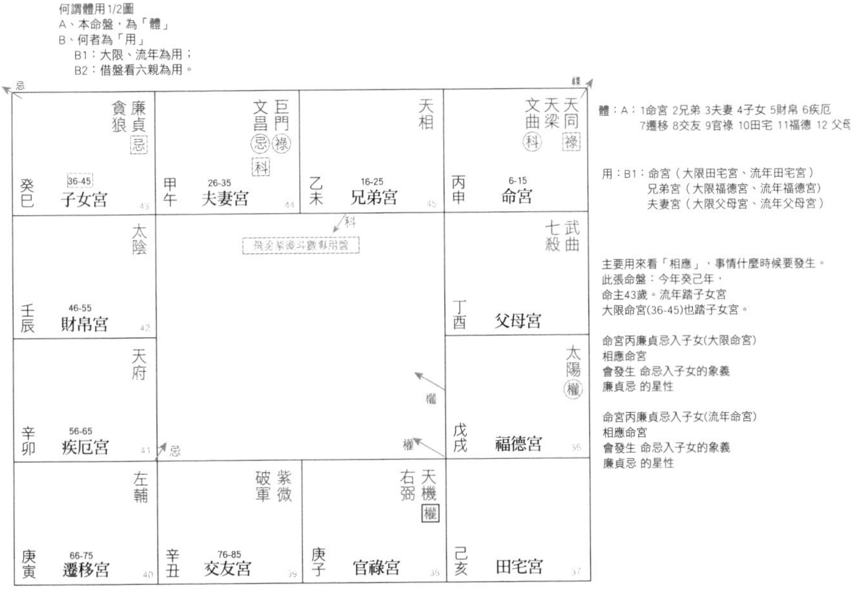
何謂體用1/2圖
A、本命盤，為「體」
B、何者為「用」
B1：大限、流年為用；
B2：借盤看六親為用。
廉貞 忌 貪狼
癸巳 36-45 子女宮
巨門 祿 文昌 忌 科
甲午 26-35 夫妻宮
天相
乙未 16-25 兄弟宮
天同 祿 天梁 文曲 科
丙申 6-15 命宮
太陰
壬辰 46-55 財帛宮
武曲 七殺
丁酉 父母宮
天府
辛卯 56-65 疾厄宮
太陽 權
戊戌 福德宮
左輔
庚寅 66-75 遷移宮
紫微 破軍
辛丑 76-85 交友宮
天機 權 右弼
庚子 官祿宮
己亥 田宅宮
體：A：1命宮 2兄弟 3夫妻 4子女 5財帛 6疾厄
7遷移 8交友 9官祿 10田宅 11福德 12 父
用：B1：命宮（大限田宅宮、流年田宅宮）
兄弟宮（大限福德宮、流年福德宮）
夫妻宮（大限父母宮、流年父母宮）
主要用來看「相應」，事情什麼時候要發生。
此張命盤：今年癸己年，
命主43歲。流年踏子女宮
大限命宮(36-45)也踏子女宮。
命宮丙廉貞忌入子女(大限命宮)
相應命宮
會發生 命忌入子女的象義
廉貞忌 的星性
命宮丙廉貞忌入子女(流年命宮)
相應命宮
會發生 命忌入子女的象義
廉貞忌 的星性

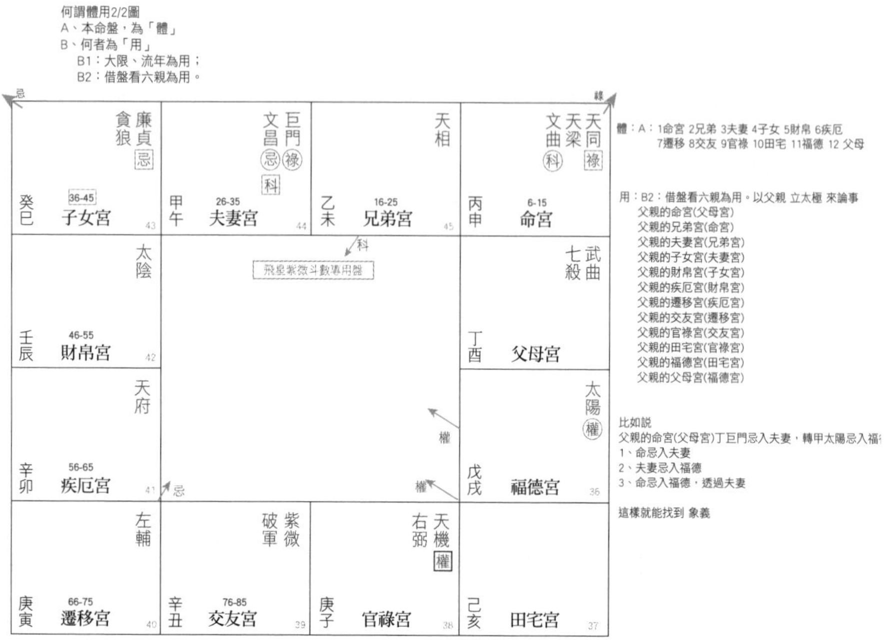
何謂體用2/2圖
A、本命盤，為「體」
B、何者為「用」
B1：大限、流年為用；
B2：借盤看六親為用。
廉貞 貪狼 忌
癸巳 36-45 子女宮 43
巨門 祿 文昌 忌 科
甲午 26-35 夫妻宮 44
天相
乙未 16-25 兄弟宮 45
天同 祿 天梁 文曲 科
丙申 6-15 命宮
太陰
壬辰 46-55 財帛宮 42
飛星紫微斗數專用盤
武曲 七殺
丁酉 父母宮
天府
辛卯 56-65 疾厄宮 41
太陽 權
戊戌 福德宮 36
左輔
庚寅 66-75 遷移宮 40
紫微 破軍
辛丑 76-85 交友宮 39
天機 權 右弼
庚子 官祿宮 38
己亥 田宅宮 37
體：A：1命宮 2兄弟 3夫妻 4子女 5財帛 6疾厄 7遷移 8交友 9官祿 10田宅 11福德 12 父母
用：B2：借盤看六親為用。以父親 立太極 來論事
父親的命宮(父母宮)
父親的兄弟宮(命宮)
父親的夫妻宮(兄弟宮)
父親的子女宮(夫妻宮)
父親的財帛宮(子女宮)
父親的疾厄宮(財帛宮)
父親的遷移宮(疾厄宮)
父親的交友宮(遷移宮)
父親的官祿宮(交友宮)
父親的田宅宮(官祿宮)
父親的福德宮(田宅宮)
父親的父母宮(福德宮)
比如說
父親的命宮(父母宮)丁巨門忌入夫妻，轉甲太陽忌入福
1、命忌入夫妻
2、夫妻忌入福德
3、命忌入福德，透過夫妻
這樣就能找到 象義

com/v_show/id_XMjU4MDY1OTM2.html

5、五行局：定大限十年一運

五行局分為水二局、木三局、金四局、土五局、火六局。請參照下圖學習。

(1)、水二局人，看命宮大限 2-11 歲

(2)、木三局人，看命宮大限 3-12 歲

(3)、金四局人，看命宮大限 4-13 歲

(4)、土五局人，看命宮大限 5-14 歲

(5)、火六局人，看命宮大限 6-15 歲

6、大限方向：陽男陰女順行、陰男陽女逆行

陽男、陰女：大限順行。若我是辛年生的「陰男」，那陰從哪裡來？就從

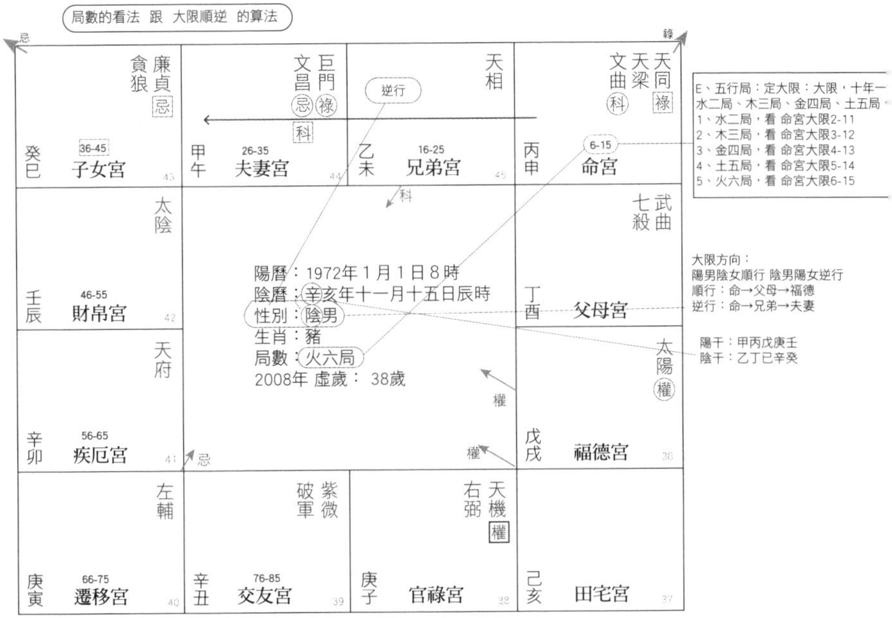
局數的看法 跟 大限順逆 的算法
廉貞 貪狼 忌
癸巳 36-45 子女宮
巨門 祿 文昌 忌 科
甲午 26-35 夫妻宮
逆行
乙未 16-25 兄弟宮
天相
天同 祿 天梁 文曲 科
丙申 6-15 命宮
太陰
壬辰 46-55 財帛宮
武曲 七殺
丁酉 父母宮
天府
辛卯 56-65 疾厄宮
太陽 權
戊戌 福德宮
陽曆:1972年1月1日8時
陰曆:辛亥年十一月十五日辰時
性別:陰男
生肖:豬
局數:火六局
2008年 虛歲: 38歲
左輔
庚寅 66-75 遷移宮
紫微 破軍
辛丑 76-85 交友宮
天機 權 右弼
庚子 官祿宮
己亥 田宅宮
E、五行局:定大限:大限,十年一
水二局、木三局、金四局、土五局、
1、水二局,看 命宮大限2-11
2、木三局,看 命宮大限3-12
3、金四局,看 命宮大限4-13
4、土五局,看 命宮大限5-14
5、火六局,看 命宮大限6-15
大限方向:
陽男陰女順行 陰男陽女逆行
順行:命→父母→福德
逆行:命→兄弟→夫妻
陽干:甲丙戊庚壬
陰干:乙丁已辛癸

「辛」來。

(1)、陰陽如何來?

A、甲丙戊庚壬:主陽。

B、乙丁巳辛癸:主陰。

(2)、順逆行的宮位順序。順時針,逆時針的走向。

A、順行:命宮→父母宮→福德宮

B、逆行:命宮→兄弟宮→夫妻宮

搭配配套影音,學習更快速,如下網址:http://v.youku.com/v_show/id_XMjU3NzYxNTE2.html

http://v.youku.com/v_show/id_XMjU4MDA1NTcy.html

7、排盤的知識：配五虎遁

五虎遁年起月訣：

甲己之年丙作首，乙庚之歲戊為頭，丙辛歲首尋庚起，丁壬壬位順行流，若言戊癸何方發，甲寅之上好追求。

這個叫五虎遁，其用法在「以出生的天干年」，來決定「天干要怎麼配地支」。如命盤是「辛亥年生」，依五虎遁來看。要用「丙辛歲首尋庚起」。其中子寅、丑卯是同一個天干，因為有十二地支，只有十天干，所以有兩個重複的天干。

甲己年生起丙寅，地支的位置不會變，丙寅位也定下了，所以就是丙子、丁丑、丙寅、丁卯這樣的排。

乙庚年生起戊寅，地支的位置不會變，戊寅位也定下了，所以就是戊子、己丑、戊寅、己卯這樣的排。

丙辛年生起庚寅，地支的位置不會變，丙寅位也定下了，所以就是庚子、辛丑、庚寅、辛卯這樣的排。

丁壬年生起壬寅，地支的位置不會變，壬寅位也定下了，所以就是壬子、癸丑、壬寅、癸卯這樣的排。

戊癸年生起甲寅，地支的位置不會變，甲寅位也定下了，所以就甲子、乙丑、甲寅、乙卯這樣的排。

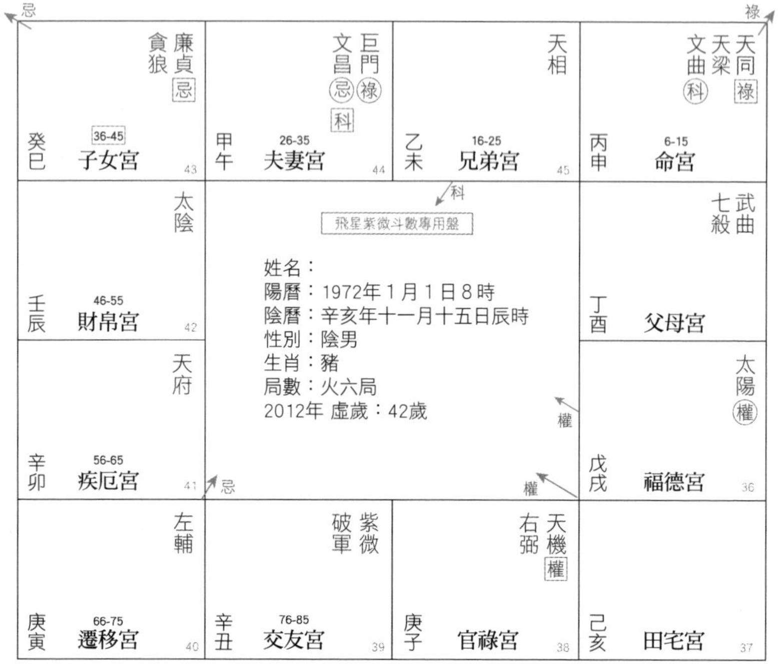
飛星紫微斗數專用盤
姓名：
陽曆：1972年1月1日8時
陰曆：辛亥年十一月十五日辰時
性別：陰男
生肖：豬
局數：火六局
2012年 虛歲：42歲
廉貞 貪狼 忌
癸巳 36-45 子女宮 43
巨門 祿 文昌 忌 科
甲午 26-35 夫妻宮 44
天相
乙未 16-25 兄弟宮 45
天同 祿 天梁 文曲 科
丙申 6-15 命宮
太陰
壬辰 46-55 財帛宮 42
武曲 七殺
丁酉 父母宮
天府
辛卯 56-65 疾厄宮 41
太陽 權
戊戌 福德宮 36
左輔
庚寅 66-75 遷移宮 40
紫微 破軍
辛丑 76-85 交友宮 39
天機 權 右弼
庚子 官祿宮 38
己亥 田宅宮 37
忌
祿
科
權
權
忌

8、流年的演算法

若今年是馬年，則上面命盤，流年命宮踏「夫妻宮」。

每個人的命盤的「午位」（馬）就是今年的流年命宮。

看午位上的天干，像命盤上夫妻宮的宮干是「甲」。

流年命宮四化，

1、甲廉貞祿入子女宮

2、甲破軍權入交友宮

3、甲武曲科入父母宮

4、甲太陽忌入福德宮

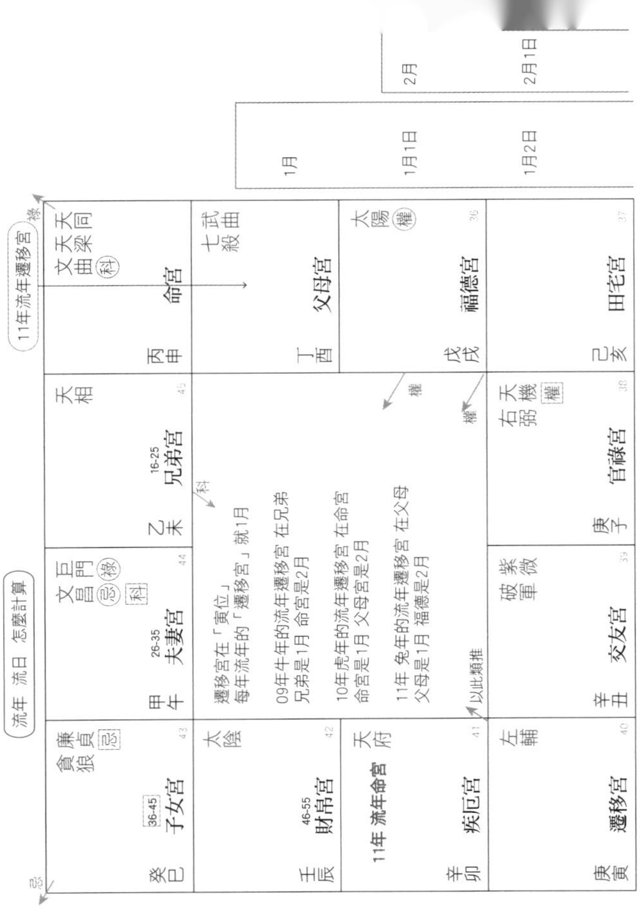
流年 流日 怎麼計算
11年流年遷移宮
廉貞 貪狼 忌
癸巳 36-45 子女宮 43
巨門 文昌 祿 忌 科
甲午 26-35 夫妻宮 44
天相
乙未 16-25 兄弟宮 45
天同 天梁 文曲 科
丙申 命宮
太陰
壬辰 46-55 財帛宮 42
遷移宮在「寅位」
每年流年的「遷移宮」就1月
09年牛年的流年遷移宮 在兄弟
兄弟是1月 命宮是2月
10年虎年的流年遷移宮 在命宮
命宮是1月 父母宮是2月
11年 兔年的流年遷移宮 在父母
父母是1月 福德是2月
以此類推
武曲 七殺
丁酉 父母宮
11年 流年命宮
天府
辛卯 疾厄宮 41
太陽 權
戊戌 福德宮 36
左輔
庚寅 遷移宮 40
紫微 破軍
辛丑 交友宮 39
天機 右弼 權
庚子 官祿宮 38
己亥 田宅宮 37
1月
1月1日
1月2日
2月
2月1日

9、流年一月的演算法

以寅宮的「宮位名稱為一月」，上圖的命盤上，寅宮是「遷移宮」，所以每年的「流年遷移宮」，就是一月。那2011年踏疾厄宮，父母宮是「流年遷移宮」就是「一月」。父母宮是一月、福德是二月、田宅是三月……以此類推。

算流日的話，則為流月月份退一格，如2011年1月1日是福德宮、田宅是1月2日……以此類推。

請看配套影音：http://v.youku.com/v_show/id_XMjU4MDY1Mjg4.html

二、基礎首要必學習：忌轉忌、祿轉忌、生年四化與命宮四化

(一)、忌轉忌

1、兄弟宮乙太陰忌入財帛，轉壬武曲忌入父母

動作分解為2

(1)、忌：兄弟乙太陰忌入財帛

(2)、轉忌：財帛壬武曲忌入父母

2、兄弟宮乙太陰忌入財帛

動作分解為3

(1)、兄弟宮乙

(2)、乙太陰忌

(3)、太陰（忌）入財帛

3、財帛壬武曲忌入父母

動作分解為3

(1)、財帛壬

(2)、壬武曲忌

(3)、武曲（忌）入父母

忌轉忌 象義解釋

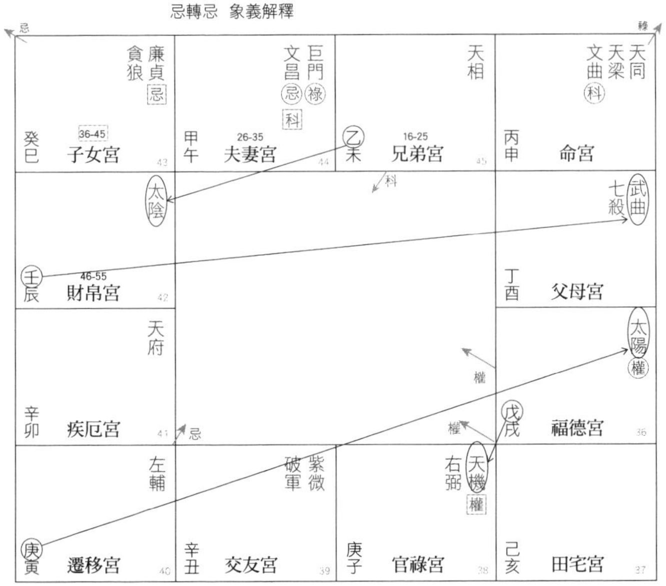

忌
祿
廉貞 貪狼 忌
巨門 祿 文昌 忌 科
天相
天同 天梁 文曲 科
癸巳 36-45 子女宮 43
甲午 26-35 夫妻宮 44
乙未 16-25 兄弟宮 45
丙申 命宮
科
太陰
武曲 七殺
壬辰 46-55 財帛宮 42
丁酉 父母宮
天府
太陽 權
權
辛卯 疾厄宮 41
忌
權
戊戌 福德宮 36
左輔
紫微 破軍
天機 權 右弼
庚寅 遷移宮 40
辛丑 交友宮 39
庚子 官祿宮 38
己亥 田宅宮 37

忌轉忌

兄弟宮乙太陰忌入財帛
轉壬武曲忌入父母

一、忌：兄弟乙太陰忌入財帛
二、轉忌：財帛壬武曲忌入父母

1、A宮忌入B宮
2、B宮忌入C宮
3、A宮忌入C宮，透過B宮

象義解釋有3
1、兄弟宮忌入財帛宮
2、財帛宮忌入父母宮
3、兄弟宮忌入父母宮，透過財帛宮

忌轉忌 跟 祿轉忌 的手法圖解

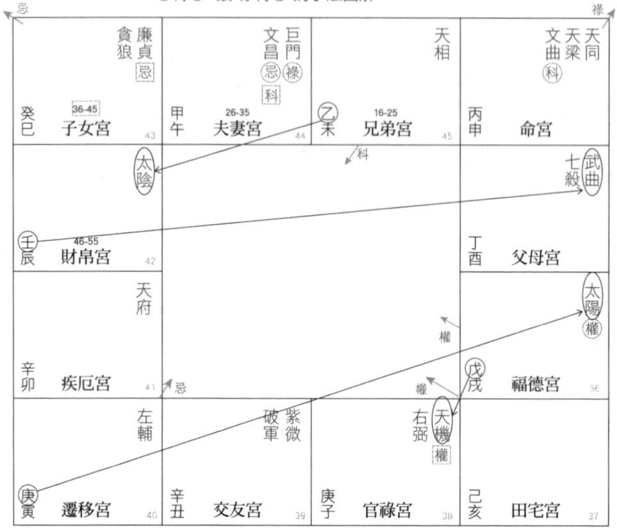
忌
祿
廉貞
貪狼
忌
36-45
癸巳
子女宮
43
巨門
文昌
忌
祿
科
甲午
26-35
夫妻宮
44
天相
乙未
16-25
兄弟宮
45
天同
天梁
文曲
科
丙申
命宮
太陰
科
武曲
七殺
壬辰
46-55
財帛宮
42
丁酉
父母宮
天府
太陽
權
權
辛卯
疾厄宮
41
忌
戊戌
福德宮
36
權
左輔
紫微
破軍
天機
右弼
權
庚寅
遷移宮
40
辛丑
交友宮
39
庚子
官祿宮
38
己亥
田宅宮
37

忌轉忌

兄弟宮乙太陰忌入財帛
轉壬武曲忌入父母

一、忌：兄弟乙太陰忌入財帛
二、轉忌：財帛壬武曲忌入父母

祿轉忌

遷移宮庚太陽祿入福德
轉戊天機改入宮祿

一、祿：遷移庚太陽祿入福德
二、轉忌：福德戊天機忌入官祿

（二）、祿轉忌

1、遷移宮庚太陽祿入福德，轉戊天機忌入官祿

動作分解為2

(1)、祿：遷移庚太陽祿入福德

(2)、轉忌：福德戊天機忌入官祿

2、遷移宮庚太陽祿入福德

動作分解為3

(1)、遷移庚

(2)、庚太陽祿

(3)、太陽（祿）入福德

3、福德戊天機忌入官祿

動作分解為3
(1)、福德戊
(2)、戊天機忌
(3)、天機（忌）入官祿
這樣練習就對了！口唸手寫，常常做就會了！
1、福德戊
2、戊天機忌
3、天機（忌）入官祿
等於福德戊天機忌入官祿

（三）、生年與命宮四化

1、「生年四化」跟「命宮四化」是這樣寫的！

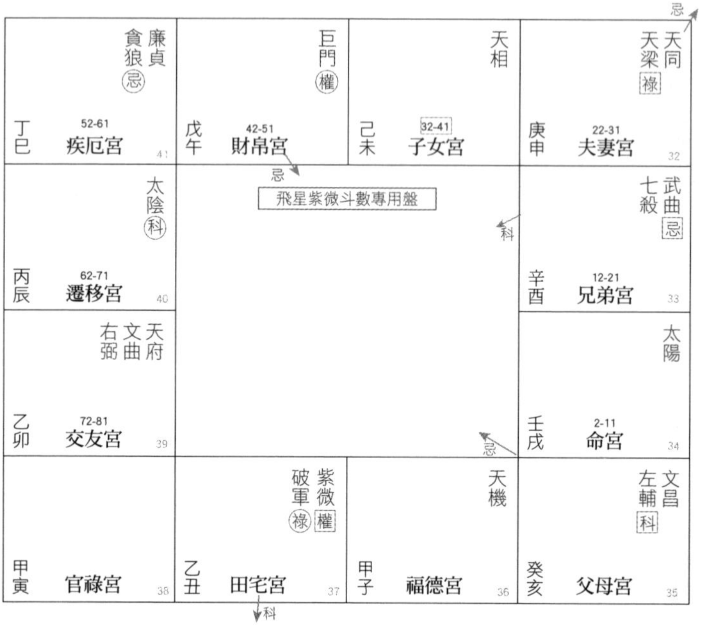

廉貞
貪狼 忌
丁巳
52-61
疾厄宮
41
巨門 權
戊午
42-51
財帛宮
天相
己未
32-41
子女宮
天同
天梁 祿
庚申
22-31
夫妻宮
32
太陰 科
丙辰
62-71
遷移宮
40
飛星紫微斗數專用盤
武曲 忌
七殺
辛酉
12-21
兄弟宮
33
天府
文曲
右弼
乙卯
72-81
交友宮
39
太陽
壬戌
2-11
命宮
34
甲寅
官祿宮
38
紫微 權
破軍 祿
乙丑
田宅宮
37
天機
甲子
福德宮
36
文昌
左輔 科
癸亥
父母宮
35
忌
科

上圖中的紅色○叫生年四化，藍色□叫命宮四化。

(1)、生年癸破軍祿入田宅宮

生年癸巨門權入財帛宮

生年癸太陰科入遷移宮

生年癸貪狼忌入疾厄宮

(2)、命宮壬天梁祿入夫妻宮

命宮壬紫微權入田宅宮

命宮壬左輔科入父母宮

命宮壬武曲忌入兄弟宮

2、生年忌轉忌、生年祿轉忌跟象義解釋

(1)、生年癸貪狼忌入疾厄宮，轉丁巨門忌入財帛宮

象義有3：

A、生年忌入疾厄宮

B、視同財帛宮有生年忌

C、疾厄宮忌入財帛宮

(2)、生年癸破軍祿入田宅宮，轉乙太陰忌入遷移宮

象義有3：

A、生年祿入田宅宮

B、視同遷移宮有生年祿

C、田宅宮祿入遷移宮

3、命宮忌轉忌、命宮祿轉忌跟象義解釋

(1)、命宮壬武曲忌入兄弟宮，轉辛文昌忌入父母宮

象義有3：

A、命宮忌入兄弟宮

B、兄弟宮忌入父母宮

C、命宮忌入父母宮，透過兄弟宮

(2)、命宮壬天粱祿入夫妻宮，逢夫妻宮庚天同自化忌

象義有2：

A、命宮祿入夫妻宮

B、夫妻宮自化忌

4、財帛的忌轉忌、財帛的祿轉忌跟象義解釋

(1)、財帛宮戊天機忌入福德宮，轉甲太陽忌入命宮

象義有3：

A、財帛宮忌入福德宮

B、福德宮忌入命宮

C、財帛宮忌入命宮，透過福德宮

(2)、財帛宮戊貪狼祿入疾厄宮，轉丁巨門忌入財帛宮

象義有２：

Ａ、財帛宮祿入疾厄宮

Ｂ、財帛宮祿入財帛宮，透過疾厄宮，視同財帛宮有生年祿

5、遷移的忌轉忌、遷移的祿轉忌跟象義解釋

(1)、遷移宮丙廉貞忌入疾厄宮，轉丁巨門忌入財帛宮

象義有３：

Ａ、遷移宮忌入疾厄宮

Ｂ、疾厄宮忌入財帛宮

Ｃ、遷移宮忌入財帛宮，透過疾厄宮

(2)、遷移丙天同祿入夫妻宮，逢夫妻宮庚天同自化忌

象義有２：

Ａ、遷移宮祿入夫妻宮

Ｂ、夫妻宮自化忌

6、夫妻宮的忌轉忌、夫妻宮的祿轉忌跟象義解釋

(1)、夫妻宮庚天同自化忌（自化忌不可以轉忌）

象義有1：

A、夫妻宮自化忌

(2)、夫妻宮庚太陽祿入命宮，轉壬武曲忌入兄弟宮

象義有2：

A、夫妻宮祿入命宮

B、夫妻宮祿入兄弟宮，透過命宮

以下解出來的象義，全部都可以用梁派飛星的象義書來查詢象義！

祿轉忌 跟 忌轉忌 的象義解釋 分幾個　　　周星飛 製

祿轉忌	生年祿轉忌，象義有 3	1、生年祿入A宮 2、視同B宮有生年祿 3、A宮祿入B宮
	命祿轉忌，象義有 3	1、命祿入A宮 2、命祿入B宮，透過A宮 3、A宮祿入B宮
	其他十一宮，祿轉忌，象義有 2	1、A宮祿入B宮 2、A宮祿入C宮，透過B宮
忌轉忌	生年忌轉忌，象義有 3	1、生年忌入A宮 2、視同B宮有生年忌 3、A宮忌入B宮
	命忌轉忌，象義有 3	1、命忌入A宮 2、A宮忌入B宮 3、命忌入B宮，透過A宮
	其他十一宮，忌轉忌，象義有 3	1、A宮忌入B宮 2、B宮忌入C宮 3、A宮忌入C宮，透過B宮
自化祿	A宮自化祿（A宮＝ 12 宮） 自化祿 不可以轉忌	1、A宮自化祿
自化忌	A宮自化忌（A宮＝ 12 宮） 自化忌 不可以轉忌	1、A宮自化忌
	A宮祿入B宮，逢B宮自化忌	1、A宮祿入B宮 2、B宮自化忌
	A宮忌入B宮，逢B宮自化忌	1、A宮忌入B宮 2、B宮自化忌
祿轉忌	A宮祿入B宮，轉忌入A宮 如果有逢到同星的自化祿還要加 3 如果逢到是不同星的自化祿就不用加 3	1、A宮祿入B宮 2、A宮祿入A宮，透過B宮 視同A宮有生年祿 3、B宮自化祿
忌轉忌	A宮忌入B宮，轉忌入A宮	1、A宮忌入B宮 2、B宮忌入A宮 3、A宮忌入A宮，透過B宮 視同A宮有生年忌
祿轉忌	A宮祿入B宮，逢B宮自化祿，轉忌入C宮（同星寫，不同星不寫）	1、A宮祿入B宮 2、A宮祿入C宮，透過B宮 3、B宮自化祿

表 1-1 祿轉忌、忌轉忌的象義解釋整理

三、斗數星曜概說

（一）、屬於飛星派的《星曜釋義》

本派飛星論命，主要用甲級星曜十八個。以命盤十二宮的「宮位」為主軸，以「天干四化、星曜」串連每個宮位；產生象義，宮星象三者一併解釋，才能決定格局高低、決定吉凶及發生的時間點。

紫微斗數的星曜象義，都出自封神榜故事裡的人物特質。最好先略讀封神榜，先建立些許概念。

一、紫微：

1、五行屬性：五行己土、陰土。

2、代表人物：伯邑、周文王的長子。
3、天干四化：壬紫微權、乙紫微科。
4、器物：珍奇古董、珠寶鑽石、滿天星表、進口高級轎車、高級傢俱、高樓大廈、精密、高貴、高價的物品。
5、代表的神明：帝座、有權無財之屬。
6、化氣與所主：制化解厄、消災延壽、中天帝座，主尊貴。

二、天機：

1、五行屬性：五行乙木、陰木。
2、代表人物：姜尚、文王的軍師。
3、天干四化：乙天機祿、丙天機權、丁天機科、戊天機忌。
4、化氣與所主：「益算之星」、化祿權科、運籌帷幄，聰敏智慧、思考企劃、多點子。化忌，就死腦筋。喜歡鑽牛角尖。
5、器官：神經系統、手、趾、毛髮、骨頭、關節。容易睡不好，天機化忌、神經衰弱、驚醒。禿頭。少毛髮。

6、宗教：佛法、禪宗、邏輯有關的。

7、神明：算命之神：姜子牙、希夷先生；軍師之類、姜子牙、孔明。

8、器物：馬達、軸承、方向盤。家庭五金、小機器、機車、一般轎車、軌道、小工廠、車庫、汽車保養場。

9、職業：企劃、哲學、會計、統計。

10、五術：禪定、冥想、哲學、命理、佛法。

11、植物：花草、矮木〈乙木〉、盆栽。

12、醫藥：治腦神經衰弱，安眠藥；治關節痛，維骨力、也有補骨的藥（貪狼是甲木、天機是乙木都是「木類」）、治禿髮的。

13、驛馬：主遷徙、變動。

三、太陽：

1、五行屬性：五行丙火、陽火。

2、代表人物：比干、紂王的忠臣。

3、天干四化：庚太陽祿、辛太陽權、甲太陽忌。

4、化氣與所主：「光明磊落」、日照天下、主光明、泛愛眾〈博愛〉無私、寬宏大量。

5、器官：主頭、心臟〈人身主宰者〉、眼〈光明〉。

6、宗教：化祿權，是正大光明的。化忌，就可能有問題的

7、神明：見祿權，容易是天上的官。見忌容易在地下的官。太陽主「官位」。

8、器物：馬達引擎、貿易、電話傳真、資訊電視、電腦網路、能源電力、變電所、大型電器設備、石油。

9、職業：政治、貿易、電腦網路。靠電話、網路為生的。

10、五術：天上。太陽化祿權，都是可以見光的。太陽忌，容易不見光的。比如說太陽忌貪狼忌，容易是不見天日的考古學。

11、醫藥：治心臟、頭痛、眼睛的藥（日、月也代表眼睛）。

12、驛馬：日出日落，主「驛馬」，忙碌奔波。

四、武曲：

1、五行屬性：五行辛金、陰金。

2、代表人物：周武王。

3、天干四化：己武曲祿、庚武曲權、甲武曲科、壬武曲忌。

4、化氣與所主：「正財星」、「財帛主」剛毅正直、主觀、寡宿〈剛則孤寡〉。

5、器官：主胸、肺、鼻子、牙齒、骨骼、結石〈發出聲音及硬的東西屬金〉。

6、宗教：跟武將、護法神有關。

7、神明：關公、各種的將軍廟、財神廟。各種宗教的護法神。吃素戒殺。

8、器物：銀行、金融業、金銀製品、紙錢、硬幣、採購組、會計、出納、稅捐處。

9、職業：銀行、金融業、採購組、會計、出納、可以經營金屬類的輕重工業混合廠。

武曲+七殺，容易是大型重工業、煉鋼廠。

10、五術：針灸、正骨、刀療、氣功（武曲主肺、剛硬之氣）。

11、醫藥：補骨、清肺氣的藥，跌打損傷的藥。

12、植物：很硬的木頭。或是補清肺的植物。

五、天同：

1、五行屬性、五行壬水、陽水。

2、代表人物：周文王。

3、天干四化：丙天同祿、丁天同權、庚天同忌。

4、化氣與所主：水有隨勢而流的特性。所以化祿是與人為善之象。化氣曰「福」〈福星〉。天同化祿，就容易的口福、愛吃。

5、宗教：協調的星。和氣生財的。

6、神明：土地公、食神。

7、器物：美食〈福星，化祿主口福〉、餐飲業、俱樂部；壬水〈陽水〉、主「流動」的水、大溝渠、池塘、自來水、食用水大型綜合醫院。

8、職業：餐飲業、服務業，協調的工作。

9、器官：泌尿系統、淋巴腺體〈壬水〉、消化系統〈福星〉、免疫系統、內分泌、耳鼻喉、墜腸疝氣。

10、醫藥。內分泌、淋巴腺體、鼻藥、耳鼻喉、肚子痛、治消化的藥。

11、五術：主卦理及方位學〈堪輿、羅盤，陽宅學、陰宅學〉。

六、廉貞：

1、五行屬性：五行丁火、陰火。

2、代表人物：費仲、紂王的奸臣。

3、天干四化：甲廉貞祿、丙廉貞忌。

4、化氣與所主：化忌的氣曰「囚」、吃喝嫖賭。次「桃花星」，化祿，才華出眾、能賺多錢，有媚力。

5、行為個性：囚星代表犯罪、奸邪，是非多爭、官非、訴訟。古書：男浪蕩，女貪淫。近酒色、肉欲淫邪、娼妓。音樂、歌舞〈也是「才華星」〉偏財、賭、投機。化忌容易持戒嚴謹，或是亂性而為。

6、器官：丁火主血液、發炎、紅腫。

7、宗教與神明：化祿，偏財神、戲神。演藝人員。化忌，像陰廟的出明牌的神。化忌，容易是持戒嚴謹之人。

8、器物：酒廊、夜總會、特種營業、娛樂界、電腦、手機、冰箱、洗衣機、冷氣機、小家電、毒品、香煙、水果、高檔甜品，甜點（廉貞祿）

9、職業：軍警、法律、酒廊、夜總匯、特種營業、娛樂界。

10、五術：催財、催桃花。狐仙、出馬仙。房中術。

11、植物：很高貴的植物、花錢可以炫耀。名貴的松樹盆景。牧丹花。蘭花。

12、醫藥：「媚藥」、增強性慾的藥、也可是消炎的藥、很貴的藥

13、遺補：三大偏財星之一、破軍、廉貞、貪狼，也是桃花星、才華星、偏財星。

七、天府：

1、五行屬性：五行戊土、陽土。

2、代表人物：姜太后、紂王的賢德妻子。

3、天干四化：無。

4、化氣與所主：「祿庫」主大地之表〈天生萬物以養人〉。

5、器官：主脾、胃〈屬土〉人。

6、職業：可畜牧、養殖，山產、土產〈譬如香菇、竹筍、地瓜、木耳、落花生〉。

7、行為個性：好面子、擺場面、講究衣著〈女命可能愛裁縫、打毛線、逛百貨公司〉。

八、太陰：

1、五行屬性：五行癸水、陰水。

2、代表人物：賈夫人、黃飛虎的妻子。

3、天干四化：丁太陰祿、戊太陰權、癸太陰科、庚太陰科、乙太陰忌。

4、化氣與所主　母性的「築巢欲」「田宅主」入田宅見「忌」，重視金錢〈田宅為財帛的共宗六位〉、房子乾淨漂亮、乾淨、化忌，容易潔癖。乾淨過頭。

5、器官：征于女人的「月事」〈二七天癸至〉、眼睛〈光明〉、皮膚。

6、宗教與神明：化祿：愛美的神：維納斯之類、女性的神明。道教的母娘、媽祖。佛教的觀世音菩薩、藏傳的度母；化忌為鬼道。只見月亮。

7、器物：主旅遊、大飯店、出租業〈套房、計程車、遊覽車〉，化妝品、清潔用品、服裝服飾、整形、美容美髮。傢俱、床、頂級名牌「進口轎車」〈田宅主〉、高級住宅、太陰化忌，是化學品（石油製品，是恐龍的屍體而成）。

8、驛馬：月出月落，主「驛馬」。

9、職業：主旅遊、大飯店、出租業、美容美髮、製作高級服飾、石油相關。

10、植物：能製成保養品的：絲瓜水、漢方保養品用的植物。

11、醫藥：皮膚保養、賀爾蒙、眼睛的藥（日、月也代表眼睛）。染髮劑。

九、貪狼：

1、五行屬性：五行甲木（陽木，氣屬甲木，體屬癸水）陽木。

2、代表人物：妲己、千年狐精。

3、天干四化：戊貪狼祿、己貪狼權、癸貪狼忌。

4、化氣與所主：主「修煉」〈甲木〉化氣「修行」〈道家功夫〉，也泛指一切修行的事，化祿權，向上修，成道成仙。化忌，向下修，成妖成怪。

5、行為個性：才藝、文學、藝術、藝品、烹飪、巧藝、偏財星，可透過學習專業技能而賺多一點的金錢。主感情、酒、色。化忌，私生活不檢點、「桃花」、「偷腥」、貪欲，「賭、投機」。化忌，也容易持戒專一。

5、宗教：道教。泛指一切能修行的精神、事物。瑜伽術也是修行。

6、神明：神，有修而有官位，仙，為有修而沒有官位。貪狼容易是仙。像八仙。像動物仙，狐仙。

7、器官：主肝、腎。腳〈腿〉、脊椎（人體的「主幹」、大樹幹）。

8、器物：紙張、木材、建材、原料、棺木。貪狼屬木，忌是「死木頭」。

注：人之本：「教育」。宅之本：「建材」。物之本：「原料」。

9、職業：老師、文教、文化工；才藝、文學、藝術、藝品、烹飪、巧藝、修車、通靈、算命、風水、考古（挖死人骨頭，棺木、沈船）。

10、五術：山、醫、命、相、卜，武藝、養生術、神仙術、道家修行。

11、植物：「大樹」，紮根於地，引喻為萬物的「根基」、「根本」。中草藥。

12、醫藥：中草藥、補「骨」、脊椎的藥（貪狼是甲木、天機是乙木 都是木類）。

13、其他：偏財三星之一、「壽星」、養精蓄銳。

十、巨門：

1、五行屬性：五行癸水、陰水。

2、代表人物：姜太公的妻子：姓馬，稱為馬氏。

3、天干四化：辛巨門祿、癸巨門權、丁巨門忌。

4、化氣與所主：化祿權，在天「品萬物」、在地「司五穀」，化忌、暗曜，猜忌、疑惑、是非、口舌。

5、行為個性：化「忌」，口不擇言，或是沉默寡言當啞吧。主小人、是非官司、口舌、猜忌、疑惑、疑心暗鬼、邪念、意外車禍、中邪陰氣。化祿：愛吃、胃口好〈品萬物之星〉。

6、器物：化忌為邪術、鬼魅、神壇、小廟、公墓、墳堆、陋巷、破宅、三叉路口、暗溝、下水道、家門、門戶、戶口、戶籍、密醫小診所、鐵道、運輸、卡車、國產車〈非高級〉。「零食」、麻將牌〈古以動物骨制〉。

7、職業：化祿權，容易是業務、歌手、命理師。化忌為無執照的工作者、密醫、乩童、符仙、地理師、江湖術士、金光黨、竊盜、詐騙集團。

8、宗教與神明：巨門，本來就是「怪事多」，所以，在六道輪回裡，常在「地下為多」、化忌為「精、怪、妖」。化祿權，容易是地下的官，如判官、地官、牛頭馬面之屬。但是佛教裡地藏菩薩，也是專度地獄之人。巨門也是「門神」。護法的門神。

9、五術：雜學。什麼五術都學。化祿權，是好，化忌，就容易歪了。邪術、密醫、乩童、符仙、地理師、江湖術士。

10、器官：口腔、食道、胃、中間的賁門、幽門，二個不同的器官的交接處。。腫大、瘤、癌、慢性病、藥罐子〈久病吃藥〉、中邪、陰氣。

11、醫藥：西藥、止痛的藥、消化的藥、消腫的藥。

十一、天相：

1、五行：屬性五行壬水、陽水。
2、代表人物：聞太師、紂王的忠臣。
3、天干四化：無。
5、化氣與所主：不四化，但是本身的氣為「印」〈主「權」，官職〉司「衣食」，主「爵位」。
6、行為：個性雞婆星、和事老。
7、器物：瀑布、噴泉〈非食用水〉精緻美食。
8、五術：手相、面相、摸骨、宅相、墳相、動物相。
9、遺補：壽星。

十二、天梁：

1、五行屬性：五行戊土、陽土。
2、代表人物：李天王、周營主帥、百戰不死。

3、天干四化：壬天梁祿、乙天梁權、己天梁科。

4、化氣與所主：化祿「蔭星」、「延壽星」、清高、格調「膨風星」，言過其實。

5、器物：大樹〈蔭〉、大樓、「別墅」、高級住宅，股票、證券獎券、保險業〈蔭〉高級餐，最高檔的補品。

6、職業：股票、證券、獎券、保險業〈蔭〉；官員、警政、調查局、軍人、將官。

7、宗教與神明：容易是每個宗教裡，最高等的。佛教裡的密教。像佛菩薩。道教裡的三清道祖、老子的道德經。

8、五術：山、醫、命、相、卜裡，最高等的。

9、植物：大樹〈蔭〉、清高、格調、竹〈高風亮節〉、茶葉〈品味〉、蘭花、蓮花

10、醫藥：最高級中藥、生物高級藥、比如冬草夏草，很貴的。

十三、七殺：

1、五行屬性：五行庚金、陽金。

2、代表人物：黃飛虎、紂王猛將、起義投周。

3、天干四化：無。

4、化氣與所主：化殺為權，「肅殺」之星，與「死亡」有關、主「勇猛果決」。

5、器物：恐怖類、蛇、蠍、蜈蚣、爬蟲。火車、聯結車、輪船、飛機場、火車站、軍區，重機械、大型五金、重工業。

6、職業：軍人、員警、軍隊〈肅殺〉；重機械、大型五金、重工業〈譬如中鋼、中船〉。

十四、破軍：

1、五行屬性：五行癸水、陰水。

2、代表人物：紂王、暴君、商朝末代皇帝。

3、天干四化：癸破軍祿、甲破軍權。

4、化氣與所主：主權勢、偏財。

5、職業：大海水，主水產、海產；運輸、海運、倉庫、貨櫃、貨櫃車、大拖車；玩具、消耗品。怪手、挖土機〈破耗〉、建築業、市場、攤販、夜市。有「大批發、盤商」的意函。

6、宗教與神明：是帝王，是神力，有巨大的財富或能力。像帝釋天。天子。

7、其他：三大偏財星之一：破軍、貪狼、廉貞。

十五、文昌：

1、五行屬性：五行辛金、陰金。

2、代表人物：文昌帝君。

3、天干四化：丙文昌科、辛文昌忌。

4、器官：精神、神經系統。管狀的器官。例如：氣管、婦女的輸卵管、男人的攝護腺之類。

5、化氣與所主：化科主「科甲」、「聲名」，化忌，有囉嗦之象，一直發出尖銳的聲音。

6、器物：正統文學、文章、書籍、支票、契約、證件、禮品、紙、筆、文具、針頭、小針、小刀。

7、職業：護理工作、注射、「手術」、作家。工作中很多文書、證件、契約。

8、宗教與神明：文昌帝君，動筆的，掌管考試的神明。另外還有「五文昌」，包括關聖帝君（文衡帝）、孚佑帝君（呂洞賓）、文魁夫子、朱熹（朱衣星君）、魁斗（魁星爺），合稱為「五文昌」。劍神（筆、劍都是長管狀的）：呂先祖。針灸神（小針）：華陀。

9、醫藥：、喉嚨、氣管、氣喘的藥、治抽痛的藥，治神經系統的藥。針灸的針。

10、驛馬：驛馬星〈時系星〉，主變動。

十六：文曲：

1、五行屬性：五行癸水、陰水。

2、代表人物：包公。

3、天干四化：辛文曲科、己文曲忌。

4、行為個性：格局好則口才佳，化忌則嘮叨 人緣好、廣交際，感情較「多采多姿」。

5、器物：另類的文學、稗官野史、小說、雜誌。

6、職業：小說家、漫畫家、從事出版業。

7、器官：精神、神經系統、大腸、膀胱以上的泌尿系統。文曲忌+廉貞忌容易大腸上火，便祕、痔瘡。

8、醫藥：神經系統的藥、治便祕的藥。整腸的藥。

9、驛馬：驛馬星〈時系星〉，主變動。

十七、左輔：

1、五行屬性：五行戊土、陽土。

2、代表人物：壬左輔科，科是數字，又是輔助的星。所以像壬是武將：關公、關平、周倉，三人一組當中的關平、周倉的角色。

3、天干四化：壬左輔科。

4、化氣與所主：「助善」之星，左右為旋，斡旋、圓巧。

5、職業：秘書、參謀、幕僚、司機。

十八、右弼：

1、五行屬性：五行癸水、陰水。

2、代表人物：戊右弼科是數字三。又是輔助的星。所以像戊是修神仙之道：像八仙，呂洞賓是民間傳說中的八仙之一，另七仙是漢鐘離、藍采和、韓湘子、曹國舅、張果老、李鐵拐和何仙姑。七仙的角色，就是右弼的角色。

3、天干四化：戊右弼科。

4、化氣與所主：助善之星、貴人星。個性善解、機智、傳令、排難解紛、斡旋。

5、職業：秘書、參謀、幕僚、司機。

6、祕書、參謀、幕僚。

何謂「偏財三星」

科
太陰
癸巳 兄弟宮 33
貪狼 左輔
甲午 4-13 命宮
天同 巨門
乙未 14-23 父母宮
武曲 天相 右弼 科
丙申 24-33 福德宮 24
廉貞 祿 天府
壬辰 夫妻宮 32
飛星紫微斗數專用盤
姓名：
陽曆：1981年4月9日20時
陰曆：辛酉年三月初五日戌時
性別：陰女
生肖：雞
局數：金四局
2012年 虛歲：32歲
太陽 權 忌 天梁
丁酉 34-43 田宅宮 25
權
七殺
辛卯 子女宮 31
權
祿
戊戌 44-53 官祿宮 26
破軍 權 文曲 科
庚寅 財帛宮 30
辛丑 74-83 疾厄宮 29
紫微 文昌 忌
庚子 64-73 遷移宮 28
天機
己亥 54-63 交友宮 27

1、破軍
「大型批發」

2、廉貞
「橫財」

3、貪狼
「專業才華」

（二）、《星曜釋義》—專論疾病

瞭解不同的病類，有助於星曜特性的瞭解。不同的星曜化忌、及雙星、多星組合，會產生不同的病症；

疾病類

一、天機忌：

1、五行屬性：乙木。

2、對應器官：神經系統、手、趾、毛髮、骨頭、關節。容易睡不好，天機化忌、神經衰弱、驚醒。禿頭。少毛髮。

3、星性組合的病類：

a、**天機忌＋文曲忌：**行血不良的痲痹、痛風。

b、**天機忌＋文昌忌：**坐骨神經痛、頸椎痛。脊椎、關節的痛。禿頭。

c、**天機忌＋文昌忌或文曲忌：**手足不仁、澌凍人、帕金森氏症、失眠 憂鬱 躁鬱 精神異常。

d、**天機忌＋巨門忌或是太陰忌或是廉貞忌：**恍神而發生「意外」、「車禍」暈眩、恍惚、自殘。

e、**天機忌＋貪狼忌：**脊椎關節、就容易有脊椎歪掉、受傷折斷的問題。

註：天機忌、貪狼忌，都是可以指「全身骨頭的問題」。

二、太陽忌：

1、五行屬性：丙火、陽火。

2、器官：主頭、心臟〈人身主宰者〉、眼〈光明〉。

3、星性組合的病類：

a、**太陽忌+巨門忌**：心臟病。

b、**太陽忌+太陰忌**：弱視、二眼視差大，瞎眼、脫窗、瞳孔異位。

c、**太陽忌+文昌忌**：心血管狹窄。

三、武曲忌：

1、五行屬性：五行辛金、陰金

2、器官：主胸、肺、鼻子、牙齒、骨骼、結石〈發出聲音及硬的東西屬金〉

3、星性組合的病類：

a、**武曲忌**：串連於遷移或父母容易門牙斷裂、掉落或門牙不整齊。胸部的骨頭有問題。

b、**武曲忌+廉貞忌或巨門忌**：肺癌、骨癌、乳癌、久咳、肺積水、肺炎、肺結核。

c、**武曲忌+文昌忌**：肺部、氣管的問題。

四、天同忌：

1、五行屬性：壬水、陽水。

2、對應器官：泌尿系統、淋巴腺體〈壬水〉、消化系統〈福星〉、免疫系統、內分泌、耳鼻喉、墜腸疝氣。

3、星性組合的病類：

a、**天同忌＋巨門忌**：聾啞、耳疾、重聽。腋下淋巴痛、腫瘤。

b、**天同忌＋廉貞忌**：發生大災難、危險性高的手術（天同是福星、廉貞是血光）意外、流行性惡疾等倒楣事（忌愈多愈嚴重）

c、**天同忌＋廉貞忌巨門忌**：食欲、大小腸的問題、腹脹、腹瀉、便秘、腸胃炎、腸癌、痔瘡。

五、廉貞忌：

1、五行屬性：五行丁火、陰火

2、器官：丁火主血液、發炎、紅腫。

3、星性組合的病類：

a、**廉貞忌**：血液的問題，虛火、發炎、發燒、潰瘍、化膿、不良嗜好（香煙、毒品、色、酒、賭）

b、**廉貞忌+太陰忌**：燒燙傷

c、**廉貞忌+巨門忌**：中毒、腫瘤、癌（尤其難治、毒素的累積）來自外來的流行病毒。

d、**廉貞忌+天機忌**：服毒自殺。

e、**廉貞忌+貪狼忌**：吸毒、縱欲

f、**廉貞忌+文曲忌**：痔瘡、肛裂。大腸腫瘤。

六、太陰忌：

1、五行屬性：五行癸水、陰水

2、器官：征于女人的「月事」〈二七天癸至〉、眼睛〈光明〉、皮膚。

3、星性組合的病類：

a、**太陰忌**：月事不順、少經血，多經痛。

b、**太陰忌+廉貞忌**：月事不順、痛經、皮膚病。

c、**太陰忌+巨門忌**：眼睛腫痛，中邪、陰煞（多忌涉福德、遷移）

d、**太陰忌+太陽忌**：眼疾（近視、白內障、青光眼、二眼視差大等）眼盲（多忌逢忌入父母、遷移）

七、貪狼忌：

1、五行屬性：五行甲木（陽木，氣屬甲木、體屬癸水）陽木

2、器官：主肝、腎、脾。腳〈腿〉、脊椎（人體的「主幹」、大樹幹）

3、星性組合的病類：

a、**貪狼忌**：脊椎側彎、坐骨神經痛、大腿髖關節滑脫。

b、**貪狼忌+天機忌**：腎萎縮、尿酸過高。脊椎側彎。

c、**貪狼忌+廉貞忌**：防縱欲過度、不良嗜好、肝炎、肝硬化、肝潰瘍、肝癌、腎臟炎、腎癌、糖尿、尿毒症、女性生育問題

d、**貪狼忌＋巨門忌**：糖尿病。（吃慢性病的藥）

e、**貪狼忌＋天同忌**：胰腺問題。

八、巨門忌：

1、五行屬性：五行癸水、陰水。

2、器官：口腔、食道、胃、中間的賁門、幽門，二個不同的器官的交接處。腫大、瘤癌、慢性病、藥罐子〈久病吃藥〉、中邪、陰氣。

3、星性組合的病類：

a、**巨門忌**：莫名的疼痛、腫脹。到醫院也檢查不出來的。憂鬱症。

b、**巨門忌＋廉貞忌**：慢性病、癌症、長瘤。

c、**巨門忌＋天同忌**：語言障礙、聾啞。

d、**巨門忌＋廉貞忌或太陰忌**：婦科多病。車禍、意外（遷移宮串連疾厄宮）

e、**巨門忌＋天機忌或文昌忌或文曲忌**：中邪、煞氣。性格有灰色思想、自殺、

自殘的念頭（疾厄宮串連福德宮、命宮）

f、**巨門忌+文昌忌或文曲忌：**咽喉腫、賁門、幽門有問題、盲腸問題。

九、文昌忌：

1、五行屬性：五行辛金、陰金。

2、器官：精神、神經系統。管狀的器官。例如：氣管、婦女的輸卵管、男人的攝護腺之類。

3、星性組合的病類：

a、**文昌忌：**管子類的、氣管。輸卵管。攝護腺。腦神經（時系星）、肝斑、雀斑、老年斑

b、**文昌忌+廉貞忌：**上醫院動手術、注射。婦科發炎。喉嚨發炎。

c、**文昌忌+天機忌：**記性差、失眠、憂鬱、躁鬱。關節神經抽痛。

d、**文昌忌+貪狼忌：**脊椎神經抽痛。

e、**文昌忌+巨門忌：**氣管、聲帶受損，說不出話。或是發出的聲音難聽。

十：文曲忌：

1、五行屬性：五行癸水、陰水

2、器官：精神、神經系統、大腸、膀胱以上的泌尿系統。

3、星性組合的病類：

a、**文曲忌**：大腸的問題。

b、**文曲忌＋廉貞忌容易大腸上火**：便祕、痔瘡。

c、**文曲忌＋廉貞忌或太陰忌**：尿毒。

d、**文曲忌＋貪狼忌或天機忌**：痛風。

四、斗數宮位的含意跟大限、流年的轉換

（一）、宮位的含意

十二宮的名稱、命盤六線，認識宮位象義。分三方面解釋。

1、十二宮的名稱

(1)、命宮，叫「命宮」就是「命」

(2)、兄弟宮，叫「兄、弟」宮

(3)、夫妻宮，叫「夫、妻」宮

(4)、子女宮，叫「子、女」宮

(5)、財帛宮，叫「財（現金）、帛（衣服、絲綢、衣料）」

(6)、疾厄宮，叫「疾（病）、厄（災厄）」，疾厄宮，不叫「健康宮」

(7)、遷移宮，叫「遷（遷居去）、移（移動—來去）」

(8)、交友，古代叫「奴僕宮」，指「奴（長工）僕也是僕人」，而現在用「交友宮」來解釋「熟悉的朋友」為主的人際關係，因為，奴僕，有「下人之意」，但是現在用交友，是指「同輩、同事、平輩之」人，就沒有「奴僕」之意。

(9)、官祿是「官（官位）、祿（俸祿）」，現在有人稱為「事業宮」。

(10)、田宅，指「田（地）、宅（房子）」

(11)、福德，是「福（報）、德（品德、德行）」

(12)、父母，指「父跟母」

2、命盤六線

命盤六線分別為【命遷線】、【兄友線】、【夫官線】、【子田線】、【福財線】與【父疾線】。每一條線，都有其特別的意涵，如以下說明。

(1)、命宮和遷移宮是一線叫【命遷線】：個性跟待人處世的態度。

(2)、兄弟宮和交友宮是一線叫【兄友線】：創業跟人際關係、工作成就跟人際關係、競爭力強弱。

(3)、夫妻宮和事業宮是一線叫【夫官線】：工作跟異性的關係。

(4)、子女宮和田宅宮是一線叫【子田線】：家庭、經濟、親屬、下一代、合夥。

(5)、財帛宮和福德宮是一線叫【福財線】：享福，跟用錢、賺錢的態度。

(6)、疾厄宮和父母宮是一線叫【父疾線】：長輩跟思考智力、身體健康。

3、認識宮位的象義

(1)、〈十二宮的四個三方〉

三方的定義：三方是一體的。

一、命三方：包括「命」、「財帛」、「事業」三個宮位。是顯像一個人身在工作、賺錢、薪水、所得的宮位。

二、田宅三方：包括「田宅」、「兄弟」、「疾厄」三個宮位。是顯象一個人物質生活，家庭背景、成功健康。人生的果實、守成、收藏宮。

三、福德三方：包括「福德」、「夫妻」、「遷移」三個宮位。是顯像一個人的待人處世、精神狀況、嗜好、婚姻等先天的果報而來的事情。

四、交友三方：包括「交友」、「父母」、「子女」三個宮位。是顯象一個人跟生活週遭的人際關系、忠孝慈愛、仁義禮智信。此三宮又是競爭位。長輩提拔、平輩相拱、下屬相挺。

(2)、〈廣泛的十二宮宮位的含意〉：

一、命宮：a、太極點、命盤「中樞」。人生的方向。

b、代表六親：大伯父〈叔〉父、祖母、外公位。

c、宮位轉換：c1、兄弟姊妹讀書的狀況（兄弟的父母宮）。

c2、另一半的嗜好，享受。（夫妻的福德宮）。

c3、小孩將來的家庭狀況（小孩的田宅宮）。

d、斗數陽宅：小孩的房間（子女的田宅宮）

二、兄弟宮：

a、觀「手足之情」。

b、野心雄心、領導統馭。兄弟得權（權沖交友）會有君臨天下的行為跟個性，對同事用號令式的。兄弟得忌沖交友，對同事朋友分三六九等。

c、夫妻情趣的『主臥房』、「床」位。

d、代表六親：我的「大哥〈弟〉」、「大女兒」位、媽媽（父母宮的夫妻宮）、夫妻的父親（岳父、公公）。也是二伯〈叔〉父位、大姨子位（配偶的大姊）。

e、宮位轉換：e1、看小孩的「精神」位〈子女的福德宮〉。

e2、財帛宮的田宅宮＝現金的「收藏宮」，是積蓄、銀行存款。也是家中的「保險庫」、銀行的「保險箱」。簡稱『庫位』。

e3、「事業」的「共宗六位」，是看事業大小的規模。

創業連鎖。

e2+e3、又稱兄弟宮『成就位』。

e4、是『疾厄』的九位「氣數」宮，又稱「體質」位。

中氣位。屬膻（ㄊㄢˇ）中穴。所謂「氣會膻中」，

d、斗數陽宅：工作賺錢該收藏的位置，保險箱的位置（財帛的田宅宮）

三、夫妻宮：

a、看「感情」、「婚姻」。「少小限」的借宮之位〈主第二大限前的所有年限〉。

b、代表六親：另一半。有緣的對象。命主的二哥〈弟〉位，媽媽的兄弟姊妹。大舅（媽媽的兄弟宮）

c、宮位轉換：c1、看「福報」中的「福份財」（福德的財帛宮）。

c2、廚房〈疾厄的田宅宮〉。

c3、出外的運氣位（遷移的官祿宮、氣數位）。

c4、看「體型」（疾厄的田宅宮）。

c5、兄弟的「經濟狀況」〈兄弟的兄弟宮〉。

c6、工作的表現位（事業的遷移宮）

四、子女宮：

a、看子息的「緣分多寡賢愚」。結婚而來的親戚，是夫妻宮的下一宮，因婚姻而來的關係。

b、「慈心、仁愛」表現位、老運晚景。看「小輩」、「下屬」與我的關係。看寵物。養的小動物。

c、代表六親：我的子女、再婚的對象、小老婆。「妯娌」〈兄弟的夫妻宮〉、「二舅」、「大舅子」、「長子」位。

d、宮位轉換：d1、「性欲」〈疾厄的福德宮〉。生殖系統。「桃花」宮、「外遇」位〈逢桃花星〉。

d2、「驛馬」位〈田宅的遷移宮〉、離家在外。

d3、「合夥位」〈交友的事業宮〉。

五、財帛宮：

a、「錢的緣份」位。「行業」、「賺錢的狀況」。個人的金錢觀、價值觀。財（金錢）帛（衣帛）宮。還能看出，一個人的衣著行為、品味。

b、代表六親：「次子」（子女的兄弟宮）、「二舅子」、「侄兒」位。

c、宮位轉換：c1、婚姻的「對待關係」〈夫妻的夫妻宮〉。另一半的另一半。

c2、顯示父母的「健康狀況」、「情緒」位〈父母的疾厄宮〉。

c3、代表情緒的表現位（福德的遷移宮）

d、斗數陽宅：客房〈交友的田宅宮〉。

六、疾厄宮：

a、命是一，疾厄是六，一六共宗，合為一體。肉體，看「健康」狀況。有祿是圓胖。權是粗壯。科是細長。忌是縮小。看習性反應及個人的運動、勞動量。顯示「物質生活」疾厄有權，容易耐操、勇猛。有忌容易勤勞辛苦，閒不來了。

b、代表六親：「大媳婦」位（子女的夫妻宮）

c、宮位轉換：c1、田宅宮的官祿宮：家運位。

c2、事業的田宅宮：店、辦公室、生產線、「工作環境」、「工作地方」。

c3、父母的遷移宮：父母的社會關係、地位、能力位。

c4、兄弟的財帛宮：顯示兄弟的金錢狀況、或是創業公司的金錢流動能力。

d、斗數陽宅：工作環境、工作地方。（事業的田宅宮）。

七、遷移宮：

a、在社會上待人處世，交際應酬能力，人生舞臺能力展現。身分地位，人生因歷經磨練而成長。遷移有祿權容易出人頭地。遷移有祿權科忌都容易外出發展，人生的因緣際遇。

b、代表六親：長孫。（子女的子女宮）。

c、宮位轉換：c1、兄弟的健康狀況〈兄弟的疾厄宮〉。

c2、配偶的金錢狀況〈夫妻的財帛宮〉。

c3、庭院、門外。（田宅的田宅宮）。

c4、交友的學習狀況。（交友的父母宮）。

d、斗數陽宅：庭院、門外的環境。（田宅的田宅宮）。

e、其他：e1、老運位。踏遷移宮時，不管順逆大限，通常到70歲就到遷移宮。

e2、父母是iq，主先天的智商智力。遷移是Eq，主後天的社會應變能力。

八、交友宮：

a、有緣接觸的人際狀況。人性的情義。忌入交友，是重情義的個性。競爭考運，有祿容易不讀書也考的不錯。有忌，容易讀書也考不好。競爭力的問題。

b、代表六親：同輩的朋友、同事。

c、宮位轉換：c1、父母的工作。（父母的官祿宮）

c2、顯示子女的金錢狀況、合夥事業的金錢狀況。（子女的財帛宮）

c3、行善的佈施積德〈福德的田宅宮〉。

c4、配偶的健康狀況，婚姻狀況的指標位〈夫妻的疾厄宮〉

c5、兄弟的地位能力形象。（兄弟的遷移宮）

d、斗數陽宅：家庭的「佛堂」、「神龕」位〈福德的田宅宮〉。

九、事業宮：

a、工作領薪水的方式。運氣位〈九數為陽之極，「化氣」流行〉。

b、代表六親：孫子的老婆。（遷移的夫妻宮）。

c、宮位轉換：c1、配偶的形象能力地位〈夫妻的遷移宮〉。

c2、婚外情〈桃花星〉〈夫妻的遷移，婚姻之外的感情位〉。

c3、顯示子女的健康狀況的宮位〈子女的疾厄宮〉。

c4、祖墳〈福德的福德宮，福德代表「先天因果」及自己身後歸宿「墳」〉。

d、斗數陽宅：書房、書桌、父母住的房間〈父母的田宅宮〉。

十、田宅宮：

a、宗親家族家世、家庭天倫之樂。居住環境、鄰居相處、所擁有的有形的財產、房子土地。祖上祖德。

b、代表六親：命主的「父親的以上的宗族」

c、宮位轉換：c1、「財富」的「收藏宮」—「財帛」的「共宗六位」〈含動產不動產、有價證券、珠寶鑽石、珍貴藝品、銀行存款、現金等一切的有價物〉。簡稱『財庫』位。

c2、父母的嗜好興趣〈父母的福德宮〉。

c3、小孩的地位能力形象。（子女的遷移宮）

c4、兄弟的工作狀態、行業（兄弟的官祿宮）

d、斗數陽宅：命主住的房間（命宮的田宅宮）、客廳（一家人活動的空間）。

十一、福德宮：a、嗜好興趣享受，精神信仰，偏執的想法，品味內涵。

b、代表六親：祖父、大姑媽（父母的父母宮）

c、轉換宮位：c1、金錢欲望的表現〈財帛的遷移宮〉。

c2、兄弟的財產狀況、創業連鎖的財產（兄弟的田宅宮）

c3、配偶的工作〈夫妻的事業宮〉。

c4、精神狀況（疾厄的疾厄宮），肉體是一，精神是六。合為一體。

d、斗數陽宅：兄弟姊妹的房間（兄弟的田宅宮）。

十二、父母宮：a、生我養我長我，父母、長輩緣、公司、國家也是庇蔭我，引申為「政府機關」。修養內涵氣質，形於色的「形象位」〈相品宮〉。

學習讀書，學歷、讀聖賢書、做人知識、常識的學習〈光明宮〉。

一個人的名聲名譽，獎狀獎牌榮譽。

d、六親宮位：父親、大姊（妹）。媽媽的爺爺。爺爺的兄弟。

c、宮位轉換：c1、外〈夫〉家的家庭狀況。（夫妻的田宅宮）

c2、子女的工作。（子女的事業宮）

c3、社會的道德標準規範（遷移的疾厄宮，一六共宗）。

c4、父母宮（交友之財帛宮），引申為銀行、互助會、私人借貸等與人金錢往來。

d、斗數陽宅：另一半的房間或是另一半家庭的陽宅。（夫妻的田宅宮）

飛星紫微斗數專用盤
廉貞 忌 貪狼
癸巳 36-45 子女宮 43
巨門 祿 忌 文昌 科
甲午 26-35 夫妻宮 44
天相
乙未 16-25 兄弟宮 45
天同 祿 天梁 文曲 科
丙申 6-15 命宮
太陰
壬辰 46-55 財帛宮 42
武曲 七殺
丁酉 父母宮
天府
辛卯 56-65 疾厄宮 41
太陽 權
戊戌 福德宮 36
左輔
庚寅 66-75 遷移宮 40
紫微 破軍
辛丑 76-85 交友宮 39
天機 權 右弼
庚子 官祿宮 38
己亥 田宅宮 37
忌
祿
科
權
權
忌

（二）、大限、流年的轉換

這個命盤2012年是龍年，虛歲42歲。流年命宮42歲踏財帛宮。大限命宮踏子女宮（36-45）。請按照下列格式寫出大限與流年宮位的轉換，這樣的練習非常重要，是研究命主發生時間點的重要技巧練習。

1. 財帛宮（大限兄弟宮、流年命宮）
2. 疾厄宮（大限夫妻宮、流年兄弟宮）
3. 遷移宮（大限子女宮、流年夫妻宮）

4.交友宮（大限財帛宮、流年子女宮）
5.官祿宮（大限疾厄宮、流年財帛宮）
6.田宅宮（大限遷移宮、流年疾厄宮）
7.福德宮（大限交友宮、流年遷移宮）
8.父母宮（大限官祿宮、流年交友宮）
9.命宮（大限田宅宮、流年官祿宮）
10.兄弟宮（大限福德宮、流年田宅宮）
11.夫妻宮（大限父母宮、流年福德宮）
12.子女宮（大限命宮、流年父母宮）

那聰明的讀者，2014 年是馬年，虛歲45歲。

子女宮是掌管 36-45 之間的十年大限，流年命宮踏夫妻宮（午宮）。

1.夫妻宮（大限父母宮、流年命宮）

2.子女宮（大限命宮、流年兄弟宮）

3.財帛宮（大限兄弟宮、流年夫妻宮）

請仿照上面的格式，以此類推寫完十二宮位吧！

五、斗數四化

（一）四化的認知

1、認識祿、權、科、忌

太極生「兩儀」〈陰、陽〉，兩儀生「四象」〈少陽、老陽、少陰、老陰〉。四象者，最簡單的比方就是我們生活中所看到的「春、夏、秋、冬」。春夏秋冬周而復始，年復一年。因此：

1、「春天」花開葉綠，是屬「木」旺的季節。

2、「夏天」烈日炎炎，是屬「火」旺的季節。

3、「秋天」肅殺滿天、葉落枝枯，是屬「金」旺的季節。

4、「冬天」一地霜雪、萬物蟄伏，是屬「水」旺的季節。氣之流行而「在天成象」。古來的許多智慧都緣自「道法自然」，因此，斗數的四化，即為『道法』自然界的「四象」而來。

也就是說，斗數的「四化」就是自然界的「四象」春、夏、秋、冬」。

2、四化歸類，以便容易理解記憶：

一、『祿』—是「少陽」也是「春天」，是屬「木」旺之象，萬物「生髮」、「希望」。

綜合象義為：1、喜悅、吉慶、美好、輕鬆順暢、樂觀、隨緣自在、親和圓融。

2、福氣希望、機會、光明、健康。

3、年輕、浪漫、情感、美夢、幻想享受、滿足散漫、懶惰肥胖。

二、『權』—是「老陽」也是「夏天」，是屬「火」之象，萬物「茁壯」、「向旺」。

綜合象義為：1、自信主見、企圖抱負、積極欲望。

2、領導、開創拓展、突破、結實、壯大、權力地位。
3、主觀能力、果斷剛強、應變膽識、行動運動、強硬霸氣、尖銳爭鬥。

三、『科』—是「少陰」也是「秋天」，是屬「金」旺之象，萬物「肅殺」。聖人則之而「制禮教」，生「文明」。

綜合象義為：1、名聲科甲、貴人、轉環緩和。
2、謙和、文質、書香、斯文秀氣、小巧精緻、優美優柔、猶豫、做作矯飾。

四、『忌』—是「老陰」也是「冬天」，是屬「水」旺之象，萬物「蟄伏」、「收藏」，等待新的希望。

綜合象義為：1、憨厚拙樸、率真耿直、忠貞義氣。
2、收藏守成、安定、結果、執著固執、煩惱憂傷、欠債、勞碌。
3、小人、是非、仇恨憤怒、痛苦、貪欲癡迷、妄念邪念、自私。
4、窒礙、狹隘陰暗、髒亂破舊、醜陋。

3、「忌」從量變到質變，愈多忌愈「麻煩」

以「一忌」坐守，為「守成」或「欠債」、「付出」（紅塵的當然耳事）。「雙忌」同宮或兩對宮，為「破敗」之始。「三忌」同宮或兩對宮，則「大勢不妙」。「四忌」同宮或兩對宮，常面臨「生死」、「去留」。

4、怎麼論「祿忌的得失」（後面有專章說明）

譬如交友坐生年忌而我財帛飛祿以入，則「祿、忌」呈「雙忌」。反之，如交友坐生年祿而我財帛飛忌以入，則「祿、忌」呈「雙祿」。得失全視「宮位」而定。

註：

1、「單忌」之吉凶全視所坐之「宮位」而定。單忌落「命三方」和「田宅三方」不能論之為「失」。單忌落「交友三方」和「福德三方」始約可論其為「失」。

2、「雙忌」以上不論落於何宮，都屬「破敗」。

比如說生年忌入福德，已經是精神上容易想不開，不得志，也容易受刺激，易怒。沖財帛，亂花錢。

如果，交友宮再一忌入福德，逢生年忌入福德，雙忌。這個會讓上面的情況有加倍之失！更容易想不開，更容易受刺激，更容易生氣，更容易亂花錢！

(二) 十天干的四化

1、四化入「十二宮」的象義

四化又可以區分為以下類型：

(1)、生年四化。

(2)、十二宮化象。

(3)、自化象。

2、命宮四化入夫妻的解釋

以命宮四化入夫妻為例，命宮祿入、權入、科入與忌入都涵蓋不同的象義。請讀者細細品味。相關內容請參考【梁派飛星命理》之23—〈命宮四化入夫妻的解釋〉】。

(1)、命權入夫妻：比如命盤是男的，就會有「大男人主義」的傾向，喜歡對感情有「控制感」。

(2)、命祿入夫妻：是有「博愛的傾向，對每個異性都好」。

(3)、命科入夫妻：對異性很文雅、文質彬彬有禮、感情上有拖拖拉拉的個性。

(4)、命忌入夫妻：對「單一異性」投入他所有的愛癡心給「單一的對象」。

每個祿、權、科、忌都各有其「獨特的含意」！請舉一反三，套用命「四化入子女、命四化入父母、命四化入交友、命四化入官祿等」，這樣的學習就會加快的！

3、生年四化入疾厄，跟命宮四化入疾厄的比較

在以生年四化入疾厄來看，以身材來說，疾厄宮有：

(1)、「科」是瘦瘦長長的。

(2)、「忌」是小小的。

(3)、「權」是大大的。

(4)、「祿」是胖胖的。

(5)、「生年權」是「自然壯」。

(6)、「命權」是「後天的修飾」、運動、勞動。

(7)、「生年科」是「自然修長」。

(8)、「命科」是「後天的保養、健美」。

六、梁派飛星紫微斗數理論

（一）生年忌轉忌、生年祿轉忌

請參考【梁派《飛星命理》之2—飛星的〈祿轉忌，忌轉忌是什麼〉】。祿轉忌與忌轉忌是論吉凶的必要手法：

1、譬如生年祿入交友，不轉其忌則如何知道交友之祿是屬何福？

設此交友宮之忌是飛入我命三方，則綜其象為：我人緣好，常得交友助益；入我田宅三方，則：高朋滿座，財源廣闊，人際益我；又譬如生年忌入交友，我惜情重義，於財屬失。

2、譬如生年忌入交友，不轉其忌則如何知道交友之忌是屬何禍？

假設交友之忌是飛入我命三方，則我尤執情於友（死腦筋），再三吃虧仍學不乖；如若入我田宅三方，則：狐群狗黨，久損而後樹倒猢猻散，爛攤子留誰收拾？

比如說：生年忌入交友，轉忌入田宅，象義有三：

(1)、生年忌入交友。

(2)、視同田宅有生年忌。

(3)、交友忌入田宅。

象義的解釋有：

(1)、你對朋友是重情義的。你的朋友多半比較固執，或者品德有問題。

(2)、你會結交到顧家或是自私的朋友，會影響你對家庭的責任感。

(3)、你對朋友的態度，只要來你家做客你都歡迎的。但是小心你的朋友來破壞你的家庭！或是朋友吃定你家了！

飛星派上的「轉忌」，就是「確定」會影響到什麼宮位！

（二）忌轉忌手法

凡「忌」者多為其「執」、「債」、「勞」、「義」或「付出」、「責任」與「果實」、「收藏」，然而其結果為何物？轉此「忌宮」化出之「忌」觀其落象，得而更察秋毫。

設若「交友」坐「生年忌」，此言你對朋友「惜情重義」（為果報上的「業力」債），但確實的壞處在哪？此刻觀「交友宮」所化出的「忌」落於何宮，就可以看出些端睨。

譬如此「交友」所化之忌（挾生年忌）入於「財帛」，那麼你所交的朋友就「很有問題」；很容易交到「不仁不義」或者「小心眼」、「愛算計」的朋友，你一定得防長遠的吃虧。就算你的「惜情重義」遇上了的是個好人，也容易是碰上「手頭缺錢」或「正行霉運」（沖福德）的好人，這也可能要小心你的好運會垃圾成堆的被帶衰。

設若「交友」坐生年忌，轉忌入於「遷移」、「父母」，那麼你交的朋友「更有問題」，你的朋友不是「倒楣透頂」就是「嫉世憤俗」、「孤陋寡聞」，或者「怒怨形色」又「難以溝通」的爛人；否則也容易是遇上「不仁不義」、「翻臉不認帳」的小人。

註：以「交友」既坐忌復化忌入「遷移」，友必以「執」形於色，則我當遇狹隘處世之人。然物以類聚，則我亦恐非智者。小

心你會像呆子般的吃虧、被利用。還可能讓真正值得交往的好人會不屑的疏遠你。

凡「忌轉忌」入於第二宮者，此轉「忌」必「挾忌」以入第二宮，則第二宮得「笥實一忌」。則：

1、先「坐忌」而後「挾忌」以於于第二宮，類之於「有備而來」的算計，其害自深。猶如蓄意取求或挾怨而來，不存仁義。

2、設若以「財帛坐忌」，而後「挾忌」入「田宅三方」（沖「交友三方」），則此人少情多算計；也容易庸碌汲營的為財所役。

註：上式「交友」坐「生年忌」，轉忌入「遷移」則可能；

(1)、你的朋友本來就不多，深交朋友少，卻又很容易遇上「執著」（交友忌）又「憨直」（遷移忌）的人。

(2)、真正的好朋友很容易「倒楣」、「落魄」或「遠在他鄉」，甚至也可能有「知己早亡」。

(3)、此式也要小心理財（交友坐忌則沖「兄弟」庫位），否則「經濟」終將日漸蕭條。

(4)、千萬別雞婆，小心「公親變事主」；也千萬別借錢給人，可能失了錢財還要丟了朋友。

(5)、你可能也是個「耿直」人，但同樣也可能不是一個理智的聰明人。你只能老實的安穩生計。

(6)、設若為「交友」坐「生年忌」，轉忌又入「田宅三方」，保證所交盡是「覬覦利益」或「小人糾纏」。

(三)祿忌成雙、祿隨忌走

什麼叫「祿隨忌走」？先用一個有形象的觀念來理解「祿隨忌走」的概念。「祿」是熱熱的肉包子；「忌」是餓狗！

1、第一種是肉包子打狗

如交友坐生年忌（餓狗），而我財帛飛祿（肉包子）以入（丟過去），則「祿、忌」

呈「雙○」（○請自行依以下說明代入忌或祿）：

(1)、對交友來說，是「雙祿」，得祿。

(2)、對財帛來說，是「雙忌」，失祿。

2、第二種是「狗跑來吃肉包子」

如交友坐生年祿（身上有肉包子），而我財帛飛忌（餓狗）以入（跑過去吃），則「祿、忌」呈「雙○」（○請自行依以下說明代入忌或祿）：

(1)、對交友來說，是「雙忌」。被我的財帛把祿劫走了！

(2)、對財帛來說，是「雙祿」。把交友的祿劫過來了！

3、祿忌成雙的解釋

祿忌成「雙祿」或「雙忌」？是外面買不到的資料，而且它的解釋是梁派飛星的風格，應該沒有人模仿得來吧！

祿隨忌走是祿忌成「雙祿」或「雙忌」？以下列出範例。

（1）命中有忌

命中有忌	
兄弟祿入命	成「雙祿」—對我而言是「雙祿」享福，對兄弟而言是他拿肉包子打我家的狗成「雙忌」，我家的狗遭到不白的欺侮
夫妻祿入命	成「雙祿」—異性是我福、老婆對我好。逢桃花星，除了內—婆還可以有外—婆。老婆還說只要你高興就好
子女祿入命	成「雙祿」—兒子拿肉包餵（說「打」難聽）我這隻老狗。反正老狗食量不大吃不多
財帛祿入命	成「雙祿」—財神爺喜歡我愛給我錢，有時候還會拜託我周遭人拿錢給我。不花白不花
疾厄祿入命	成「雙祿」—光做自己高興的事不亦樂乎？逢逢桃花星，手排總是比自排較有駕馭感
遷移祿入命	成「雙祿」—我外在條件好，到處受歡迎。逢武曲財星，貪官污吏，逢逢桃花星，招手成婚、一夜情
交友祿入命	成「雙祿」—我人緣實在好，可能我德不孤必有鄰。逢桃花星，人家誠心倒貼，教我怎能辜負人家好意？為難啊
官祿祿入命	成「雙祿」—我想做多少，工作就會來多少；不爽的時候我就翹二郎腿。我猜測上帝很可能特別喜歡我
田宅祿入命	成「雙祿」—飯來張口，在家要什麼有什麼。小心變成吃香喝辣不知米價的廢物
福德祿入命	成「雙祿」—加倍享受，也加倍的折福。慣於享受，人無遠慮必有近憂，逢桃花星，愛做瓊瑤小說的子虛夢
父母祿入命	成「雙祿」—老師、長輩寵我順我。養不教，父之過；教不嚴，師之惰

（2）命中有祿

命中有祿	
兄弟忌入命	成「雙忌」─我的肉包被兄弟家的狗給吃光了。可惜我不敢吃香肉
夫妻忌入命	成「雙忌」─老婆馭夫有術，無奈啊
子女忌入命	成「雙忌」─養老鼠咬布袋？寵子不孝，寵豬翻灶
財帛忌入命	成「雙忌」─還好老子頭頂鋼盔，否則哪堪財神爺的亂棍照下
疾厄忌入命	成「雙忌」─能逆來順受，反正我有的是本事
遷移忌入命	成「雙忌」─一身的珠光寶氣走夜街？你活膩啦
交友忌入命	成「雙忌」─你是有求必應公？晚上敞開大門迎賊，還要掛上歡迎光臨的標語
官祿忌入命	成「雙忌」─你生來就是牛，累死了也是活該自找的
田宅忌入命	成「雙忌」─你是你們家的那根大柱，那你就多撐點，別尿褲子
福德忌入命	成「雙忌」─你想太多啦，又很會自我圓融，乾脆吃齋唸佛修行去。逢桃花星，滿腦子的慾望，頭殼壞啦
父母忌入命	成「雙忌」─你很孝順（加倍供給），逆來順受。（上帝的眼裡看你可能是雙祿）

（3）田宅有忌

田宅有忌	
命祿入田宅	成「雙祿」－家庭的擔子重，我經常拿錢回去養家。我家裡都是比較固執的人，應經常讓家裡多增加一些快樂
兄弟祿入田宅	成「雙祿」－家庭的擔子重，我把我銀行的戶頭都拿回家裡了
夫妻祿入田宅	成「雙祿」－辛苦我的另一半，幫忙支撐這個家庭的重擔
子女祿入田宅	成「雙祿」－我的家庭有重擔，還好小孩帶給家裡很多的歡樂
財帛祿入田宅	成「雙祿」－我的家庭缺少錢，我就努力打工賺錢來養家了，一份工作不夠，就兩份工作
疾厄祿入田宅	成「雙祿」－我扮演老萊子，讓家裡多一點歡樂
遷移祿入田宅	成「雙祿」－我的家裡有很多的問題困擾，不過，老天對我的家庭的問題，常常會有意想不到的好事，降臨我家，解決問題
交友祿入田宅	成「雙祿」－我這個家庭做點小生意，客人都很照顧，讓我的家庭經濟好多了
官祿祿入田宅	成「雙祿」－我工作賺錢來養家，讓家裡變快樂
福德祿入田宅	成「雙祿」－家庭的問題多，還好，我常常想著讓家庭多一點快樂！沒錢，就有沒錢過的生活
父母祿入田宅	成「雙祿」－我家庭的問題多，還好，長輩多支持，或是娶了另一半，另一半的家庭多金援照顧

（4）田宅有祿

田宅有祿	
命忌入田宅	成「雙」—雙祿，勤儉之餘可以不只一產
兄弟忌入田宅	成「雙」—雙祿，儉約儲蓄也可以不只一產。—成雙忌，兄弟劫（分）我財產
夫妻忌入田宅	成「雙」—雙祿，配偶勤儉持家有成。—成雙忌，非為雙妻之福，外遇則家庭生亂折我福
子女忌入田宅	成「雙」—雙祿，兒子勤儉顧家、幫兒置產；成雙忌，庇蔭合夥、親戚
財帛忌入田宅	成「雙」—雙祿，至少兩種財路
疾厄忌入田宅	成「雙」—雙祿，少逢迎，自得其樂
遷移忌入田宅	成「雙」—雙忌，無妄之災劫財、無功驛馬、社會資源不濟
交友忌入田宅	成「雙」—雙忌，但防引狼入室、糾纏不清
官祿忌入田宅	成「雙」—雙祿，工作安定之餘還可以兼差
福德忌入田宅	成「雙」—雙祿，多了嗜好、收藏之得。成雙忌，少了慈悲、喜捨之德
父母忌入田宅	成「雙」—雙祿，父母勤儉持家慶有餘、我孝養父母。雙忌，容易長期銀貸

（5）交友有忌

交友有忌	
命祿入交友	成「雙忌」－熱臉貼人冷屁股
兄弟祿入交友	成「雙忌」－肉包子打狗有去無回
夫妻祿入交友	成「雙忌」－配偶遇人不淑
子女祿入交友	成「雙忌」－小孩濫交朋友
財帛祿入交友	成「雙忌」－你在行善佈施呵
疾厄祿入交友	成「雙忌」－天生賤骨頭，陪朋友到處玩
遷移祿入交友	成「雙忌」－白癡啊？沒半點智慧的濫交
官祿祿入交友	成「雙忌」－你這個重情義的人，常常被賣了，還幫人數鈔票！工作上，人家當你是免費小弟使喚
田宅祿入交友	成「雙忌」－又是大善人，房子給人住不收租，還倒貼水電、生活費
福德祿入交友	成「雙忌」－喜歡熱鬧便罷，不要光弄那下三濫的樂趣
父母祿入交友	成「雙忌」－欸！我老爸是個搞不清楚的濫好人

（6）交友有祿

交友有祿	
命忌入交友	成「雙祿」—我有義妹有情，你儂我儂的朋友久交。如易以交友忌入命逢生年祿，則為我笨得像頭豬的一再吃虧，大異其趣矣。乃命忌於友為我執於義，友忌入命為友存於私，終究害於我。此謂人不為己，天誅地滅
兄弟忌入交友	成「雙祿」—我不善蓄，但缺多來多、週轉容易。此即取之於人、用之於人
夫妻忌入交友	成「雙祿」—配偶惜情遇善，也是你儂我儂的朋友久交。如易以交友忌入夫妻逢生年桃花祿，小心第三者介入婚姻
子女忌入交友	成「雙祿」—我兒義於友，也是你儂我儂的朋友久交。如易以交友忌入子女逢生年祿，小心子女遇人不淑交匪類
財帛忌入交友	成「雙祿」—週轉方便，然畢竟不蓄
疾厄忌入交友	成「雙祿」—黏膩糾纏你儂我儂。如易以交友忌入疾厄逢生年祿，小心狐群狗黨鯨吞蠶食
遷移忌入交友	成「雙祿」—不善交友，但每遇難終呈祥。交友少卻貴人很恰到好處的受用
官祿忌入交友	成「雙祿」—可以盡忠職守成就於人，則相得益彰
田宅忌入交友	成「雙祿」—寄人籬下遇好房東，可喜可憂，畢竟是無殼蝸牛。或售屋遇好價，可喜可憂。畢竟是少了房子
福德忌入交友	成「雙祿」—臭氣相投的朋友多
父母忌入交友	成「雙祿」—長上惜情遇善，也是你儂我儂的朋友久交

（7）福德有忌

福德有忌	
命祿入福德	成「雙」—雙祿，加倍享受； —雙忌，加倍耗費
兄弟祿入福德	成「雙」—雙祿，加倍享受； —雙忌，加倍耗費
夫妻祿入福德	成「雙」—雙祿，配偶順我；逢桃花星，齊人之福
子女祿入福德	成「雙」—雙祿，子女孝順
財帛祿 福 德	成「雙」—雙祿，加倍享受； —雙忌，加倍耗費
疾厄祿入福德	成「雙」—雙祿，投入所好，自得其樂； —雙忌，廢寢忘食，荒功廢業
遷移祿入福德	成「雙」—雙祿，不求自得，心想事成
交友祿入福德	成「雙」—雙祿，臭氣相投，其樂融融
官祿祿入福德	成「雙」—雙祿，做自己喜歡的工作，如意順遂；也還可以兼職
田宅祿入福德	成「雙」—雙祿，家庭廕我，飯來張口； —雙忌，享受現成，不思長進
父母祿入田福德	成「雙」—雙祿，長輩寵我，有求必應； —雙忌，慣吃軟飯，不知疾苦

（8）福德有祿

福德有祿	
命忌入福德	成「雙忌」－我執於所好又不挑剔，所以興趣廣、不厭倦，也因此而更多的花費
兄弟忌入福德	成「雙忌」－興趣廣，傾囊於所好而更多的花費
夫妻忌入福德	成「雙忌」－配偶執於所好而多花費，我卻順從於他〈她〉
子女忌入福德	成「雙忌」－小孩執於所好而多花費，我也順從於他
財帛忌入福德	成「雙忌」－金錢多花費於所好，財源又順暢，因此而更多的花費。福德祿也化作財源
疾厄忌入福德	成「雙忌」－沉迷所好，近乎荒功廢業
遷移忌入福德	成「雙忌」－於事，壞事成雙；於人，鬼迷心竅入歧途；於財，財去人平安
交友忌入福德	成「雙忌」－以興趣會友，卻被人牽著鼻子走
事業忌入福德	成「雙忌」－最好以興趣為業，也非大資本的投注，否則還防一次次的重蹈覆轍
田宅忌入福德	成「雙忌」－祖有餘殃承家計，多耗多支出；父母沉迷所好，近乎玩物喪志
父母忌入福德	成「雙忌」－長上執於所好而多花費，我卻順從於他

（四）忌出：

忌出的象義，原則上是「消失不見」，型態上有三種：

1、自化忌

2、忌出對宮

3、忌入遷移、父母

此三種，又有不同的涵義。

舉財帛宮為例：

1、財帛宮自化忌：是對錢不用心，致使一點一滴的流失。錢花到哪裡都不知道之象。

2、財帛宮忌出對宮（福德宮）：是用錢的方式，是「我自己強勢的決定的」，花到我自己「福德＝高興的事物之上」。錢也是花掉了。

3、財帛宮忌入遷移宮、父母宮：父母、遷移是「理智的宮位」。比如說，錢花掉了，不用頭腦、敗金的個性。在一種「迷糊的狀態之下。或是有『不得不』的情況之下，或是看到要花錢，就什麼都不管了！比如買東西，不看價格，買貴了，亂買。例如，投資失敗，錢損失了，自己也無能為力來救，或是錢放口袋好像會被蟲咬一樣。

此三種，都叫「忌出」，但象義、內涵不一樣，可以多加體會。

（五）交忌：

交忌的形態，大致可分為以下三種：

1、交忌的型態可以「不同星」。

2、「忌」跟「忌轉忌」都可以交忌。

3、交忌可以在同宮，可以在「對宮」。

實際交忌飛化請配合上圖與下段敘述進行練習。

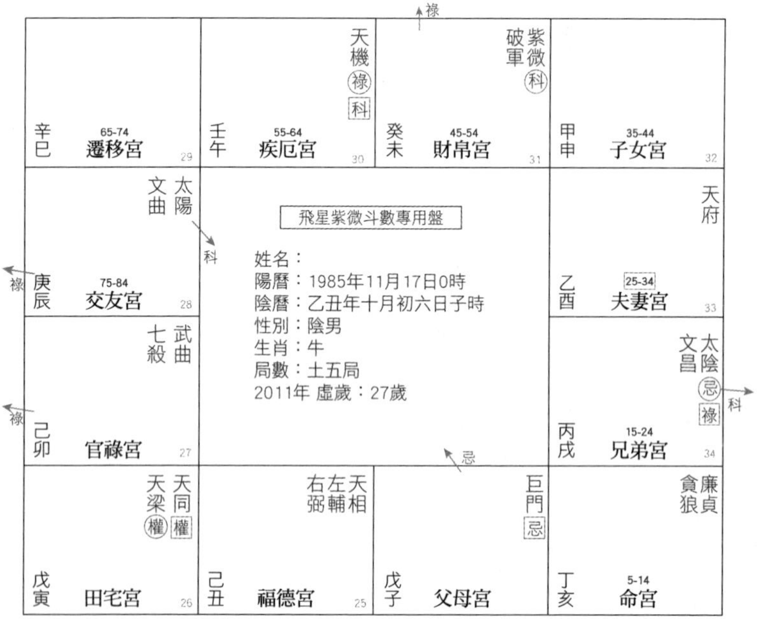

祿
辛巳 65-74 遷移宮 29
天機 祿 科
壬午 55-64 疾厄宮 30
紫微 科 破軍
癸未 45-54 財帛宮 31
甲申 35-44 子女宮 32
太陽 文曲
科
祿
庚辰 75-84 交友宮 28
飛星紫微斗數專用盤
姓名：
陽曆：1985年11月17日0時
陰曆：乙丑年十月初六日子時
性別：陰男
生肖：牛
局數：土五局
2011年 虛歲：27歲
天府
乙酉 25-34 夫妻宮 33
武曲 七殺
祿
己卯 官祿宮 27
忌
太陰 文昌 忌 祿
科
丙戌 15-24 兄弟宮 34
天同 權 天梁 權
戊寅 田宅宮 26
天相 左輔 右弼
己丑 福德宮 25
巨門 忌
戊子 父母宮
廉貞 貪狼
丁亥 5-14 命宮

1、交忌：跟生年忌

(1)、忌

a、夫妻乙太陰忌入兄弟，逢生年乙太陰忌，雙忌→交忌

b、福德己文曲忌入交友，跟生年乙太陰忌入兄弟，對沖，雙忌→交忌

(2)、忌轉忌

疾厄壬武曲忌入官祿，轉己文曲忌入交友，跟生年乙太陰忌入兄弟，對沖，雙忌→交忌

2、交忌：十二宮的忌

(1)、忌

a、夫妻乙太陰忌入兄弟，遷移辛文昌忌入兄弟，夫妻跟遷移交忌在「兄弟宮」

b、夫妻乙太陰忌入兄弟，子女甲太陽忌入交友，夫妻跟子女交忌在「兄友線上」

(2)、忌轉忌

a、夫妻宮乙太陰忌入兄弟宮，轉丙廉貞忌入命宮，

財帛宮癸貪狼忌入命宮，

夫妻宮跟財帛宮交忌在命宮，透過兄弟宮。

b、遷移宮辛文昌忌入兄弟宮，轉丙廉貞忌入命宮，財帛宮癸貪狼忌入命宮，

遷移宮跟財帛宮交忌在命宮，透過兄弟宮。

c、兄弟宮丙廉貞忌入命宮，轉丁巨門忌入父母宮，交友宮庚天同忌入田宅宮，轉戊天機忌入疾厄宮，

兄弟宮跟交友宮交忌在父疾線上，透過父母宮、透過田宅宮。

3、交忌的延伸象義：

比如說夫妻宮忌入福德宮，父母宮忌入福德宮。

夫妻跟父母交忌在福德，就會產生「延伸象義」：

a、夫妻忌入父母

b、父母忌入夫妻

那a、夫妻忌入父母，就可以查「夫妻忌入父母」的象義解釋！

（六）遷移、交友破，有何特點？

以左圖命盤來看：

1、遷移癸貪狼忌入疾厄，轉甲太陽忌入夫妻；

2、交友壬武曲忌入子女，轉甲太陽忌入夫妻，

3、遷移與交友「交忌」、破在夫妻宮。

4、遷移交友破，容易產生：

(1)、你容易有特立獨行、超有個性。

(2)、孤僻感很重。

(3)、知己少。

(4)、變成宅男女。

(5)、少心機，不害人，也不防人。

(6)、容易讓別人覺的你是一個『初一十五』不一樣的人，待處事待人有很多套標準的，容易是一個「豬頭」。

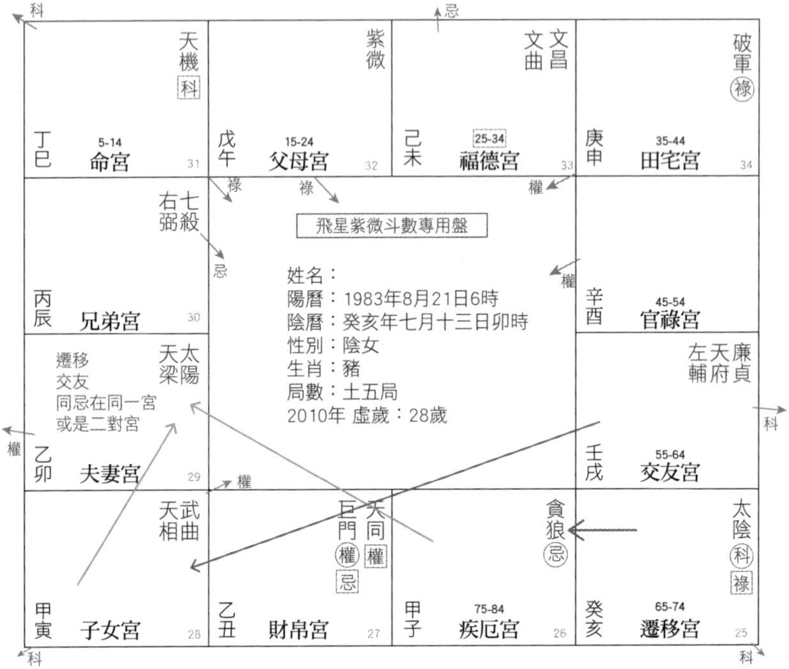
飛星紫微斗數專用盤
姓名：
陽曆：1983年8月21日6時
陰曆：癸亥年七月十三日卯時
性別：陰女
生肖：豬
局數：土五局
2010年 虛歲：28歲
丁巳 5-14 命宮 31 天機 科
戊午 15-24 父母宮 32 紫微
己未 25-34 福德宮 33 文昌 文曲
庚申 35-44 田宅宮 34 破軍 祿
丙辰 兄弟宮 30 七殺 右弼
辛酉 45-54 官祿宮
乙卯 夫妻宮 29 太陽 天梁
遷移
交友
同忌在同一宮
或是二對宮
壬戌 55-64 交友宮 廉貞 天府 左輔
甲寅 子女宮 28 武曲 天相
乙丑 財帛宮 27 天同 權 巨門 權 忌
甲子 75-84 疾厄宮 26 貪狼 忌
癸亥 65-74 遷移宮 25 太陰 科 祿
科 忌 祿 祿 權 忌 權 權 科 權 科 科

那「破在夫妻宮」沖官祿宮，就會對「夫妻跟官祿」產生比較巨大的影響。如果破在子女宮、田宅宮上，就會對「子女跟田宅」產生比較巨大的影響。以此類推。

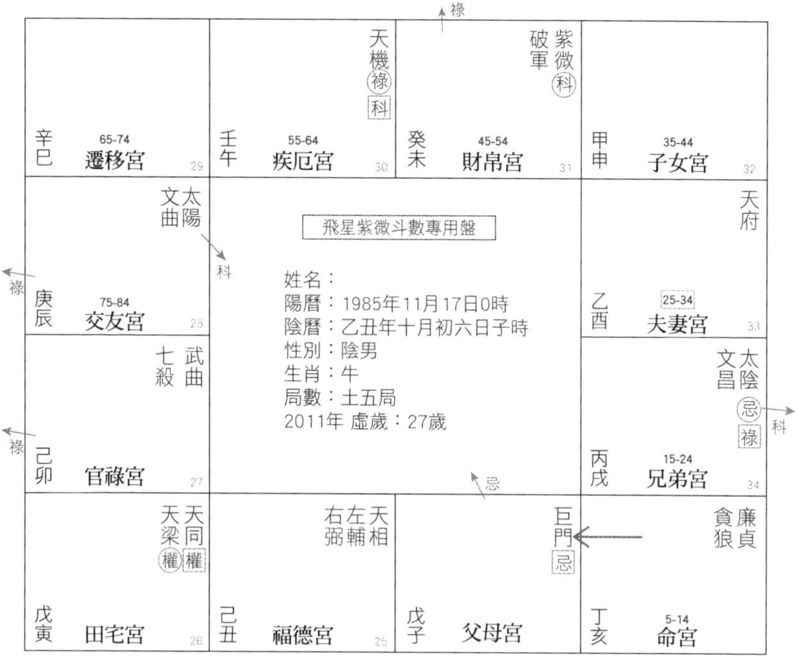
飛星紫微斗數專用盤
姓名：
陽曆：1985年11月17日0時
陰曆：乙丑年十月初六日子時
性別：陰男
生肖：牛
局數：土五局
2011年 虛歲：27歲
辛巳 65-74 遷移宮 29
天機 祿 科
壬午 55-64 疾厄宮 30
紫微 科 破軍
祿
癸未 45-54 財帛宮 31
甲申 35-44 子女宮 32
太陽 文曲
科
祿
庚辰 75-84 交友宮 28
天府
乙酉 25-34 夫妻宮 33
武曲 七殺
祿
己卯 官祿宮 27
太陰 文昌 忌 祿
科
忌
丙戌 15-24 兄弟宮 34
天同 權 天梁 權
戊寅 田宅宮 26
天相 左輔 右弼
己丑 福德宮 25
巨門 忌
戊子 父母宮
廉貞 貪狼
丁亥 5-14 命宮

（七）「忌」的演算法

從以上圖命盤來看：

1、兄弟丙廉貞忌入命→1忌

2、財帛癸貪狼忌入命→1忌

1＋2式＝雙忌。

但是加入忌轉忌，透過宮位的忌，算不算1忌呢？不算的，如下解釋：

3、夫妻乙太陰忌入兄弟，轉丙廉貞忌入命→1忌

3+2 ＝ 雙忌。

那 1+2+3 式的飛化試算幾忌呢？

請看以下整理。

1、兄弟丙廉貞忌入命↓1忌

2、財帛癸貪狼忌入命↓1忌

3、夫妻乙太陰忌入兄弟，轉丙廉貞忌入命↓1忌

1+2+3是雙忌而已，而不是「三忌」，因為1、3是相關的飛化，1包含在3裡面，

所以只能算「1忌」。

遷移辛文昌忌入兄弟，逢生年乙太陰忌↓雙忌。

夫妻以乙太陰忌入兄弟↓三忌。

子女以甲太陽忌入交友↓四忌。

福德、官祿以己文曲忌入交友↓六忌。

兄弟、交友線得六忌，

兄弟宮挾「六忌」再轉丙廉貞忌入命。

交友宮挾「六忌」再轉庚天同忌入田宅。

請看配套影音：http://bbs.fxzw.org/thread-1211-1-1.html

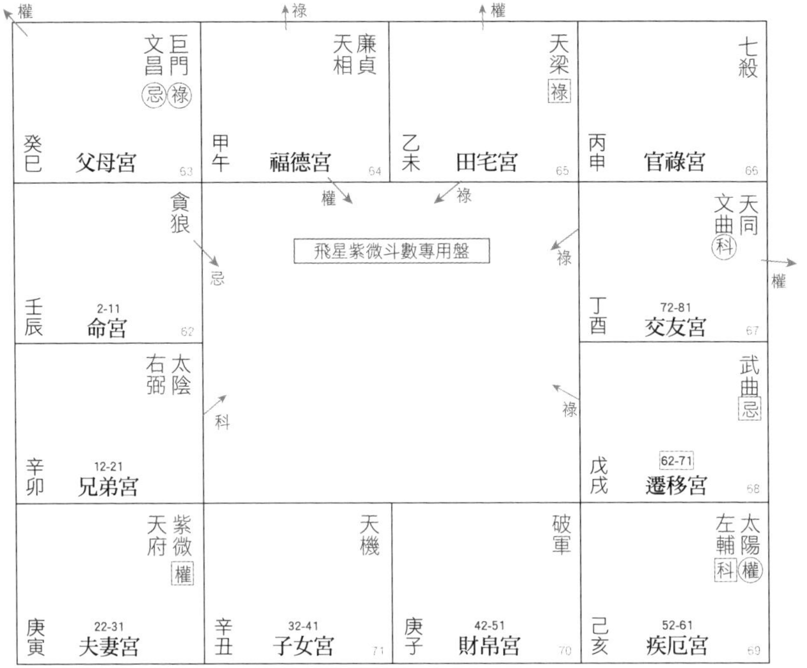
飛星紫微斗數專用盤
巨門 文昌 祿 忌
癸巳 父母宮 63
廉貞 天相
甲午 福德宮 64
天梁 祿
乙未 田宅宮 65
七殺
丙申 官祿宮 66
貪狼
壬辰 2-11 命宮 62
天同 文曲 科
丁酉 72-81 交友宮 67
太陰 右弼
辛卯 12-21 兄弟宮
武曲 忌
戊戌 62-71 遷移宮 68
紫微 天府 權
庚寅 22-31 夫妻宮
天機
辛丑 32-41 子女宮 71
破軍
庚子 42-51 財帛宮 70
太陽 左輔 權 科
己亥 52-61 疾厄宮 69
權
祿
權
權
祿
忌
祿
權
科
祿

（八）一氣生死訣，忌入兄友線

「一氣生死訣」講的是「兄友線的問題」，為什麼會「一氣生死訣」？因為忌入交友，沖「兄弟」。兄弟宮是「中氣、元神」，就是一口氣吸不上來就會死。

以下以實際命盤進行講解。

疾厄己文曲忌入「交友」，沖兄弟，命主在52－61歲這個大限開始，常常會遇到「生死交關的問題」，命主說52歲那一年看醫生，結果不知是打錯藥，還是藥量打太多，全身變黑差點就死掉。還有59、60、61歲這三年都有開心臟的手術，都是「一口氣吸不上來」，趕快送醫院。像61歲踏兄弟，是因為「肺積水」，也是一口氣快吸不上來。疾厄忌入交友，沖兄弟（身體的氣），這個叫「一氣生死訣」。好多宮位「破一起」，所以一引動的話，是「連環爆」的。

那為什麼52－61歲這個大限「沒死」？是因為疾厄己武曲祿入遷移，這個說明肉體（疾厄）在這個社會上（遷移）還是好混的、活跳跳的。

以此類推，任何宮位忌入交友，沖兄弟，也常常面臨「一事無成」，或是傷元氣之象，傷財庫之象，產生「一氣賺錢賠錢訣」。以下列出部分宮位忌入交友，沖兄弟的解釋。

(1)、子女忌入交友沖兄弟，也可能性慾「低下」，或是合夥不成事。
(2)、命宮忌入交友沖兄弟，一氣「自宮訣」。重情義的個性，兩肋插刀。
(3)、夫妻忌入交友沖兄弟，一氣夫妻分床、分居、分手訣。
(4)、遷移忌入交友沖兄弟，一氣「宅男訣」。不善交際，當宅男。
(5)、父母忌入交友沖兄弟，一氣讀書放棄訣。讀書一根筋，老是讀不好就放棄。畢業之後，就把書還給老師了。

另外遷移祿入交友，為「一氣和氣訣、一氣廣結善緣訣」。善交際。以此類推，請套入各個宮位多加練習。

（九）官祿忌入交友，工作上是獨立作業的

請參照【梁派《飛星命理》之22──〈官祿忌入交友，工作上是獨立作業的〉】文章。

官祿忌入交友有下列的情況：

1、工作上喜歡跟「同好」一起工作。

2、如果沒有「同好」，就寧願自己獨立工作！

3、沖兄弟，容易工作「一事無成」換工作，常常不能累積經驗！

4、沖兄弟，也常常工作「累得要死」會氣虛！

可以以此類推，田宅忌入交友之類的解釋。

（十）命忌與福德忌，意義相去遠矣

命忌於任何一宮，皆屬此人對於該宮的執著與付出，當事人於當下，常不以為苦。譬如命忌入夫妻，此人必執著於情，縱令所遇非善仍執迷不悟，甚或樂此不疲。是以忌為苦，還是以忌為樂？讀者思考一下！

若易以福德忌入夫妻，則屬偏執、少包容之愛。常見的情殺案，多類似此，愛之欲其生，恨之欲其死。尤以福德忌入遷移、父母，個性必烈，加權則好勇鬥狠；乃忌入遷移、父母為宣洩於外不能忍。

故命忌為執著，福德忌則為偏執。

註：父母為遷移的共宗六位。

（十一）夫妻忌入十二宮的解釋與交忌的運用

夫妻忌入十二宮的象義解釋，主要來源為梁派飛星象義，跟周星飛老師論命的實戰經驗！

1、夫妻忌入命

(1)、「配偶固執」、「不好溝通」、「處處干涉」。（以夫妻立太極，夫妻的命宮忌入命，視同命宮有生年忌）

(2)、「欠債」的婚姻（感情），或配偶諸多「乖違」（譬如健康問題）、「過錯」，帶來極多惱苦。（感情／婚姻讓我煩惱，命宮為我）

(3)、婚後漸「收斂」而「不活躍」，感情問題放心裡不想講出來（忌沖遷移）。

(4)、只宜晚婚。（心智較成熟，可抵制部分煩惱）

(5)、「桃花」必惹麻煩（感情債）、外遇紙包不住火。

(6)、勿賭、少做投機事，沒有不勞而獲。（夫妻也為福份財）

(7)、沖遷移，容易感情不對外說，另一半管得兇，叫你當宅男女！

2、夫妻忌入兄弟

(1)、配偶「勤儉守分」，男命多娶「職業婦女」（兄弟為庫位，持家有方）。

(2)、各自忙碌，婚姻「相處時間少」（沖婚姻共宗六位）。

(3)、婚後手足情漸淡，也容易婚後朋友變少，配偶對朋友不多情（沖交友）。

(4)、「婚姻倦怠」症候群。

(5)、分床分房睡（兄弟為床位）。

(6)、感情上，會讓你要努力工作創業，要現實一點。

(7)、另一半也容易創業、現實一點。

(8)、沖交友，另一半也會管你的交友情況！

3、夫妻自化忌

(1)、防「不善經營」或「少聚情疏」的婚姻（對感情不用心、不堅持到底）。

(2)、還防「貌合神離」、感情生了「離心力」（自化忌易消散）。

(3)、對感情上「不堅持」、「不在乎」，常常會忘了另一半的存在！

4、夫妻忌入子女

(1)、配偶疼子。

(2)、感情容易讓你待不住家，配偶容易在家待不住（沖田宅，為家）。

(3)、配偶不容易存錢（沖田宅，為財庫）。

(4)、感情容易不穩，也容易有婚外情破壞了原本婚姻（子女桃花位，沖田宅，家）。

5、夫妻忌入財帛

(1)、「貧賤夫妻」百事哀、婚姻「多爭」或相處「冷淡」（財帛，婚姻對待位）。

(2)、「相欠債」的婚姻，「不好溝通」、相處「沒有味道」。

(3)、婚後宜「謹慎理財」，以免「為財傷情」。（夫妻，婚姻宮）

(4)、不宜「共同事業」，以免多爭不相讓。

(5)、不宜賭、投機。

(6)、容易「桃花破財」，遇桃花星。

(7)、感情上容易建立在「現實情況」，要向錢看。另一半容易是現實主義者。

6、夫妻忌入疾厄

(1)、感情容易讓命主忙，配偶也容易「勤快」、閒不住。

(2)、婚姻「少情趣」。

(3)、配偶（異性）很黏人、跟屁蟲，戀愛時「形影不離」。

(4)、感情不想公開（沖父母）沖父母，不太對長輩說。

7、夫妻忌入遷移

(1)、「配偶耿直」有餘、婚姻「不善營造」氣氛、「少了情趣」。「平淡無趣」的婚姻。

(2)、己身異性緣非佳，也「不善表達」感情。（遷移，交際位）

(3)、防婚姻的「貌合神離」或夫妻間產生了「離心力」，各懷異志的「情義盡失」。

(4)、勿賭、投機。

(5)、感情世界容易被外界所批評。你選擇另一半的條件很奇怪，容易被罵。選到的另一半，常常是個很有問題的人物。（遷移，廣大社會位）

(6)、感情總在「吵吵鬧鬧之中」或是很多讓「你灰頭土臉」的情況之下，才會「消失」

（忌出）！（遷移，形於外的宮位）

8、夫妻忌入交友

(1)、配偶個性「惜情重義」，胳臂往外彎。

(2)、防刻板「不自在」的婚姻生活。

(3)、談的感情容易被人罵，容易結交年紀差異大，生活背景差異大。被朋友罵。

(4)、配偶「干涉」我的交友，婚後「朋友變少」。

(5)、容易分手之後，就不聯絡了。（沖兄弟）一事無成。

9、夫妻忌入官祿

(1)、配偶「事業心」重。

(2)、防「婚姻」的「離心力」，恐貌合神離（桃花星）（配偶桃花，夫妻忌出）。

(3)、夫妻最好各做各的工作，否則須防意見、口舌。

(4)、勿賭、少投機。

(5)、感情總在「眼睜睜之下」而不見了！有很多「理由」就是不能在一起！
(6)、感情一旦分手後就不聯絡。

10、夫妻忌入田宅

(1)、命主感情上是追求「家庭的生活、長期的穩定」。
(2)、配偶雖「不善情趣」，但「勤儉顧家」。
(3)、男命多娶「職業婦女」。
(4)、少妄想「齊人之福」。（配偶與家緣份不好）
(5)、「桃花敗財」。
(6)、有了感情，就容易六親不往來。感情上比較「現實」。

11、夫妻忌入福德

(1)、「惡緣」的婚姻（感情）。欠婚姻（感情）「債」。不順的感情（感情／婚姻讓我發瘋）。

(2)、配偶(異性)執迷所慾，「難溝通」、「傷感情」。(福德，偏執慾)

(3)、格局差，婚姻(感情)帶來極大「痛苦」、「乖違」、「迷亂」，甚或「生離死別」。

(4)、勿賭、投機(夫妻—福份財，不厚)。

(5)、感情可能會「多花錢」，或是影響工作賺錢。(沖財帛)

(6)、感情上是挑剔的。

12、夫妻忌入父母

(1)、「同居」無名分。(父母，文書宮)

(2)、防「離婚」名分消失。

(3)、夫妻「不同戶籍」。

(4)、防婚姻「怨形於色」。(父母，形於外的宮位)

(5)、配偶太過「顧外(夫)家」。(沖疾厄，家運位)

(6)、格局好，配偶「孝順」，或者，配偶喜怒「形於色」。

(7)、低調的感情上的想法跟做法，可能的表現：

a、感情上是不想曝光的，怕見光死！

b、怕影響到「長輩的心情」，怕影響長輩然後就有長輩的壓力，父母不同意就分手了！

c、另一半是命忌入父母，是孝順的、不苟言笑的、個性直率的！怕帶回家，惹長輩不高興！

d、可能另一半有什麼「見不得人」的事情，所以，不想曝光！比如說另一半是一個「有官司、犯罪的」！

e、可能另一半跟命主的背景、條件差太多了，公主跟乞丐，門戶不對！

f、可能另一半跟命主不想去，或是無法去「登記」，成為「有名無分的夫婦關係」！）

那麼要如何使用「上面的象義」呢？直接看命盤上的飛化，比如說夫妻戊天機忌入父母，就可以直接查「夫妻忌入父母」的象義解釋！

交忌的運用方面，若夫妻忌入福德，父母忌入福德。夫妻跟父母交忌在福德，就會產生「延伸象義」：

(1)、夫妻忌入父母。

(2)、父母忌入夫妻。

那(1)、夫妻忌入父母，就可以查上面的「夫妻忌入父母」的象義解釋！另外夫妻忌入父母，感情上的事容易一團混亂，臉皮不厚外，還有以下象義：

a、在辦婚宴的時候，也是「使不上力，或是不想使力」。

b、感情的過程中容易「沒有理智」

c、感情上的事容易「一團混亂」。

d、遇到異性會害羞的。

e、如果臉皮很厚的話，就容易有點「沒有道德感」！比如說：愛上不該愛的人，或是一馬多鞍、一鞍多馬，感情很復雜。

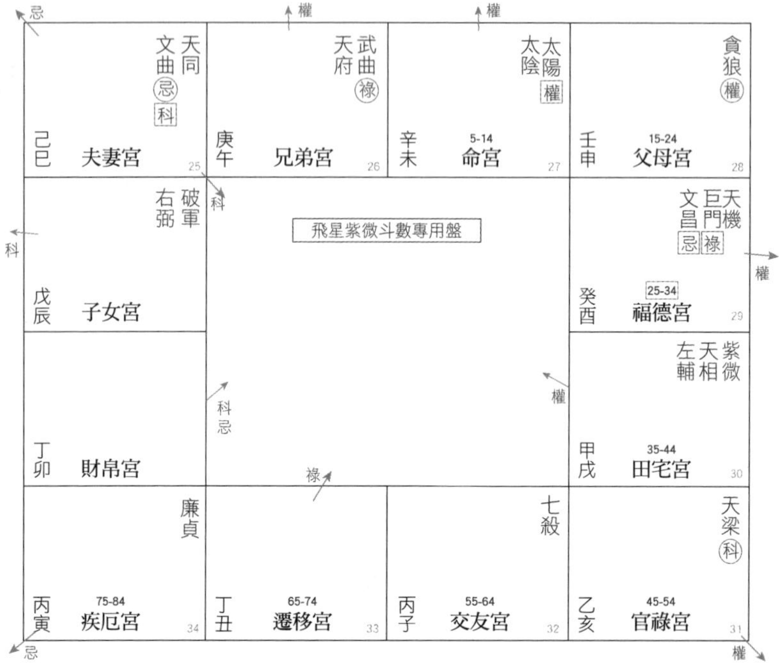
飛星紫微斗數專用盤
天同 文曲 忌 科
己巳 夫妻宮 25
武曲 天府 祿
庚午 兄弟宮 26
太陽 太陰 權
辛未 5-14 命宮 27
貪狼 權
壬申 15-24 父母宮 28
破軍 右弼
戊辰 子女宮
天機 巨門 文昌 祿 忌
癸酉 25-34 福德宮 29
丁卯 財帛宮
紫微 天相 左輔
甲戌 35-44 田宅宮 30
廉貞
丙寅 75-84 疾厄宮 34
丁丑 65-74 遷移宮 33
七殺
丙子 55-64 交友宮 32
天梁 科
乙亥 45-54 官祿宮 31
忌 權 權 科 科 權 科 忌 權 祿 忌 權

（十二）權忌是推動事情的重要動力

以下以實際論過程來解釋：權忌是推動事情的重要動力。

學生A：年底（2013年）臘月26日完婚。證本來打算十一月去拿的，公司請不到假呢！我的證得過了農曆八月才行的吧！我也不知道。我是想年底回去拿證的，他比我心急，想這個月底（國曆十月）回去。

周星飛：有生年己文曲忌入夫妻，當然還是專一之象。不過逢夫妻己文曲自化忌，今年的婚姻是想定下來，但是自化忌就有點「遲疑」，下不定決心，所以「夫妻己武曲祿入兄弟」，「父母壬武曲忌入兄弟」。這個「父母的忌」可以抓夫妻的祿，忌把祿固定下來，想必就是結婚之象。農曆9月（流月踏父母），就下個月了。再不然就是流月踏福德，以癸貪狼忌入父母，逢生年己貪狼權，再轉壬武曲忌入兄弟，也還是「抓到」夫妻的祿。

周星飛：所以權忌是推動事情的力量。

學生B：先找祿，再去找什麼忌去抓住？

周星飛：是，先找「祿」、「權」，或是反過來，先找「忌」，然後再找「祿權科」來。

學生A：是我想成家，抓住夫妻的祿，福德宮是我的想法。

周星飛：父母是我，當然也是「長輩」，都可以多方的解釋，不過福德以癸貪狼忌入父母，這個就有小心「脾氣差」、「沒耐性」，千萬不要拿了證馬上就變「母老虎了」。

周星飛：另外恭喜啊！努力作人有成，一舉而得「二子」─妻子、兒子，所以十月踏福德，以癸貪狼忌入父母，逢生年己貪狼權，你很急，長輩更強勢的催促著，逢「子女戊貪狼祿來會」，這個就是急著「生小孩」，所以晚上時間到了，長輩就對老公說不要看電視了快點去睡吧！你也一起說，對啊，快點睡明天上班。這都是藉口，催老公生小孩了。

所以我想十月就有喜了。福德的忌，抓到了子女的祿了，而且啊，再轉壬武曲忌入兄弟，逢「武曲雙祿」，保證是「兒子」，也很可能是「雙胞胎」。這個論斷雙胞胎很大膽，不過抓到這麼多祿，當然不是普通的情況，當然也很可能是年初一個，年底又一個的。當然也可能不是「生小孩」，也可能去創業了，所以我想你可能農歷十月就換工作了。

學生A：對呀，就是創業吧！要多賺點錢才能養孩子是吧。

周星飛：去創業那也很可能跟「小孩的行業有關的」，比如說賣小孩相關的用品。

學生A：十月換工作呀？應該不會。我很滿意現在的工作，如果懷上了，可能明年就待業了。

周星飛：嗯，不然就是「兼差」？

學生A：有可能。

（十三）失業的論法：失業、換男女朋友、換田宅、換讀書、流產

論任何事，只要沖論事宮位的「命」、「疾厄」與「田宅」，都有不穩、動盪的現象。例如看換工作以官祿宮立太極，忌入夫妻，沖官祿；忌入交友，沖兄弟（官祿的疾厄宮）；忌入父母，沖疾厄（官祿的田宅宮），都可能會有失業的現象。套用上面的原則，可以來看換男女朋友、換田宅、換讀書與流產。如以下表、圖所示。

利用本手法可以簡單大致上看出各「事」有不穩的現象，但是實際上會有什麼細節的事情會發生，還是要從多宮位串連來得知。

表1-3人生動盪的論法（非常好的例子）

項目	換工作	搬家	換男女朋友	讀書中斷	流產
立太極宮位	官祿宮	田宅宮	夫妻宮	父母宮	子女宮
忌入「對宮」	忌入夫妻，沖官祿	忌入子女，沖田宅	忌入官祿，沖夫妻	忌入疾厄，沖父母	忌入田宅，沖子女
忌入「疾厄」	忌入交友，沖兄弟（官祿的疾厄宮）	忌入官祿，沖夫妻（田宅的疾厄）	忌入兄弟，沖交友（夫妻的疾厄宮）	忌入福德，沖財帛（父母的疾厄宮）	忌入夫妻，沖官祿（子女的疾厄宮）
忌入「田宅」	忌入父母，沖疾厄（官祿的田宅宮）	忌入命，沖遷移（田宅的田宅宮）	忌入疾厄，沖父母（夫妻的田宅宮）	忌入夫妻，沖官祿（父母的田宅宮）	忌入遷移，沖命（子女的田宅宮）

周星飛 老師 講工作

坤造 陰女 1989年7月戌時生

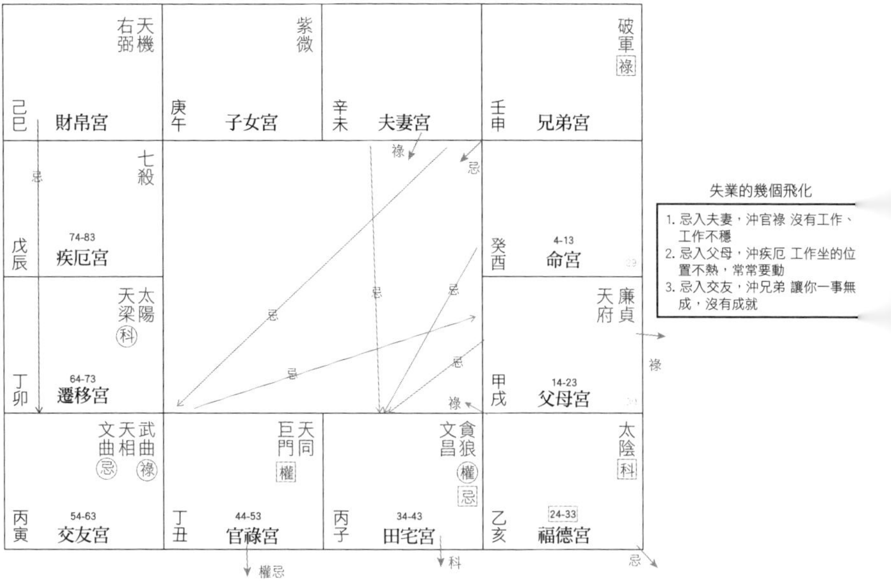
失業的幾個飛化
1. 忌入夫妻，沖官祿 沒有工作、工作不穩
2. 忌入父母，沖疾厄 工作坐的位置不熱，常常要動
3. 忌入交友，沖兄弟 讓你一事無成，沒有成就

流命踏疾厄宮
財帛宮已文曲忌入交友宮，轉丙廉貞忌入父母宮
兄弟宮壬武曲忌入交友宮，轉丙廉貞忌入父母宮
生年已文曲忌入交友宮，轉丙廉貞忌入父母宮
夫妻宮辛文昌忌入田宅宮，轉丙廉貞忌入父母宮
命宮癸貪狼忌入田宅宮，轉丙廉貞忌入父母宮
最少有五忌沖疾厄，有兩忌以上沖兄弟宮
官祿自化忌也是「無心工作」，所以換工作對你來説是「家常便飯」
疾厄戊天機忌入財帛宮，轉文曲忌入交友宮，逢交友文曲生年忌
雙忌沖兄弟，也是一事無成之象，又要換「不同的行業了」
所以，也很容易跳不同的行業，360行你只要換勤快點，就會通通做了
所以，像這種「常常要換工作的人」，最好要學習「 一技之長」
不然，換來換去總會有一天會到「 沒工作做的」
不過，他的兄弟宮也很漂亮的，將來有一技之長的時候
也容易創業的，到時候多忌沖疾厄，就可能變成到處要出差了，到處要去「看分店的情況了」
在不同的事情上，有不同的解釋，但是請先把「專業能力」搞好
如果沒有專業能力，就只能「 一直換工作的」
嗯，所以先想清楚，專長在哪，不然你就是到處「 漂泊」

（十四）生年祿轉忌，跟祿入的不同

從象義角度來看生年祿入交友，轉忌入田宅，可以產生三個象義：

1、生年祿入交友

2、視同田宅生年祿

3、交友祿入田宅

交友祿入田宅，象義有：

1、交友祿入田宅

那麼生年祿入A宮，轉忌入B宮和A宮祿入B宮，有什麼區別呢？比如說交友祿入田宅，是像我的家庭在做生意，顧客很多到我家來買東西，讓我家發財，生活過得好。生年祿入交友，轉忌入田宅是你的顧客都會變成「老顧客」，然後每次買東西都一定「去你家」，因為有「忌」就會專一、執著。但是有忌也免不了要給他們「東西吃」，也會有點「損財」，因為還是有交友忌入田宅的情況。先坐生年祿，客人也是很客氣的來吃你家的東西，而且也會把生年祿帶入田宅，也會讓你家多賺錢的。

另外可以理解成，若交友坐生年祿轉忌入田宅，則顧客給你家帶來一千元的財運，你可能為了招待他付出一百元，但是還是賺了九百元。如果是交友祿入田宅，可能僅僅來你家一百元的財運，但是你也不用為他花錢，因此，生年祿的好處大於直接祿入。

「忌」有收藏、固守、守成、安定、結果的含意。因此交友祿入田宅，是流水客很多，老顧客、新顧客都有，不過可能偏向新顧客比老顧客多。生年祿轉忌，會把忌的能量留下來，所以顧客對你家也認同來買，都是指名你家的。一開始都是流水客，但是生年祿轉忌的忌會讓新顧客變成老顧客的。

（十五）天羅地網的看法

請參照【梁派《飛星命理》之16——〈何謂天羅地網線〉】。

文昌文曲之重要性，在於飛星命盤是決定格局的關鍵點。多忌入同一宮或是對宮，即會產生「不良的影響」。比如命跟夫妻忌入同一宮或是對宮，容易產生「命跟夫妻」的不合！如果命、夫妻、福德都忌入同一宮或是對宮，就容易產生：

<table>
<tr><td>巳</td><td>午</td><td>文曲 文昌
未</td><td>申</td></tr>
<tr><td>文曲 文昌
辰</td><td colspan="2" rowspan="2">子時生，文昌在戌，文曲在辰
卯時生，文昌文曲在未
午時生，文昌在辰，文曲在戌
酉時生，文昌文曲在丑</td><td>酉</td></tr>
<tr><td>卯</td><td>文曲 文昌
戌</td></tr>
<tr><td>寅</td><td>文曲 文昌
丑</td><td>子</td><td>亥</td></tr>
</table>

1、命跟福德的不合

2、命跟夫妻不合

3、福德跟夫妻不合

以此類推！忌愈多，破愈重，那就愈多宮位不合，事情就愈麻煩！

如上圖所示：化忌的地方，文昌文曲放在同宮或兩對宮（出生時辰為圖中所示），較容易有兩個宮位以上會「同忌」或「對沖」的情況產生。

結構再差一點，就會導致好幾個宮位「對沖」或「同忌」在一起，其格局會打折扣。因此，飛星派的「天羅地網」，定其義：是受「文昌、文曲」之影響。

註：文昌、文曲都沒有化祿、權，只化忌科。

（十六）祿權科都能解忌

請參照【梁派《飛星命理》之18—〈能不能解忌，怎麼個解法〉】。

十二宮的「祿權科」，均可解忌。分別有不同的情況。這個要「同星曜」。

1、以生病為例，其情況分別如下：

(1)、祿解忌，「祿忌成雙」，則會開刀兩次以上之現象，才可解決問題。

(2)、權解忌，會有快刀斬亂麻的處理方式，不夠圓融，最初的處理結果，可能不盡理想。

假設發現得癌症。也許，未經過更詳細的檢查，當下就決定開刀。其結果：

A、如果是癌症，開刀一次解決就把問題處理好。

B、開錯了，原來不是癌症。急亂中，檢查出錯了。

C、處理癌症的過程，假設應該拿膽的，而把其他器官手術拿掉。（急亂中，手術出錯了）

D、如果，手術沒成功。還會繼續手術的。（「權忌」有不達目的，不計代價的繼續努力的意味！）

3、科解忌，會產生「糾纏式的解決方式」，不夠明快。

例如，可能發現得癌症了。不用想「用開刀快速的方式」，以吃藥的方式取代開刀。把問題「慢慢的解決」，相對的，也把恢復健康的時間延後了。

（十七）少小限的命宮在夫妻宮

請參照【梁派《飛星命理》之20——〈命宮無大限，夫妻宮為「少小限的命宮」〉】

為什麼命宮無大限，第一大限寄於夫妻宮？而第三大限還是夫妻宮（陽女陰男大限逆行的情況下）呢？

命宮無大限的原因為命宮為所謂的立太極點，格局高的人命宮飛化必佳。如第一大限在命宮，那格局高的人不就羽毛未豐的咬奶嘴也能號令天下？貴為極品的明太祖朱元璋為何還落魄的當過小乞丐和小和尚？

「第二大限前的所有年歲」皆寄於夫妻宮稱為「少小限」，以古時候醫學不發達，小孩死亡率高。此即所謂的太極未定，其（少小限宮）飛化應回歸「父母宮」為立太極點，吉凶之應歸是於父母宮而非本命宮。也就是說立太極點於父母宮，借父母之子女位夫妻宮設為「少小限」。

第三大限行夫妻宮，其飛化的吉凶之應是歸於本命宮為太極點，故此兩同宮的不同限，四化相同而吉凶各異。

比如說生年忌入夫妻或是生年忌入官祿，或是多忌入夫官線上，容易有下列情況發生：

1、命主小時候，如果被自己的親生父母帶的話，容易有很多的問題。

2、被親生父母以外的人帶大！

3、認神明當義子、義女！

這個可以提供參考！

（十八）我宮他宮的看法

取自【梁派《飛星命理》之21—〈如何看「我宮」及「他宮」〉】文章與周星飛老師網路講解紀錄。

我宮與他宮要怎麼區別？有三種看法：

1、以命、田宅為內，為我宮，其他為他宮

(1)、我宮：命三方（命、財帛、官祿）

田宅三方（田宅、疾厄、兄弟）

(2)、他宮：交友三方（父母、子女、交友）

福德三方（福德、夫妻、遷移）

2、以六親宮位來區分

(1)、他宮：交友三方：父母（父）、子女、交友

夫妻、兄弟（母）、遷移（廣大社會因緣位）

(2)、我宮：其他的，非六親宮位。

命三方：命、財帛、事業

疾厄、田宅、福德，也是我的宮位。

3、以宮位來說明，須瞭解十二宮的涵義

以下整理周星飛老師與學生在網上教學紀錄，以利後輩完整瞭解理解過程。

學生：周大，哪幾個宮為六內宮啊？福德與兄弟宮哪個是屬於內？哪個屬於外？我查了資料，說法不一。就兄弟跟福德有點混。說化忌到六宮內，主得；化忌到六宮外，主失。這資料可以做為參考嗎？

周星飛：原則上

1、命三方，是「內」

2、交友三方，是「外」

3、田宅是、疾厄是「內」

4、夫妻、遷移是「外」

但是「兄弟宮」與「福德宮」可能主「內」與「外」。要看你問什麼問題為主。比如兄弟宮指兄弟和母親的時候，為他宮；指我的經濟收藏位和事業成就位的時候，為我宮。又如福德宮，指爺爺、第二姊妹的時候，為他宮；指一個人的精神喜好的時候，為我宮。

（十九）「命宮」的忌與「福德」宮的忌，意義相去遠矣

《十二宮六七二象》：

「命宮」忌於任何一宮，皆屬此人對於該宮的「執著」與「付出」，當事人於出事的當下，常不以為苦。

譬如命忌入夫妻，此人必執於感情，縱令所遇非善仍執迷不悟，甚或樂此不疲。是以「忌」者皆為苦乎？非也！

若易以「福德宮」忌入夫妻，則屬「偏執」、「少包容」之愛，雖用心良苦，但防容易因愛成仇。常見的情殺多類似此，愛之欲其生，恨之欲其死。

尤以福德忌入「遷移」、「父母」等「形於外」之宮位，個性必烈，加權則好勇鬥狠；乃忌入遷移、父母為魯莽宣洩於外而不能忍。

註：「父母宮」為「遷移」的共宗六位，是一個人修養的表現位。推而廣之，父母宮也是社會的「道德標準」位。

（二十）忌入同宮與忌入對宮的不同

以下整理周星飛老師於網路上教學過程紀錄，以利後輩學習。

學生A：依盤而言，流月踏田宅，外出不利，三盤疾厄、福德盡破，昌曲驛馬忌，天同壽星忌，小車類太陰忌，存在大風險。

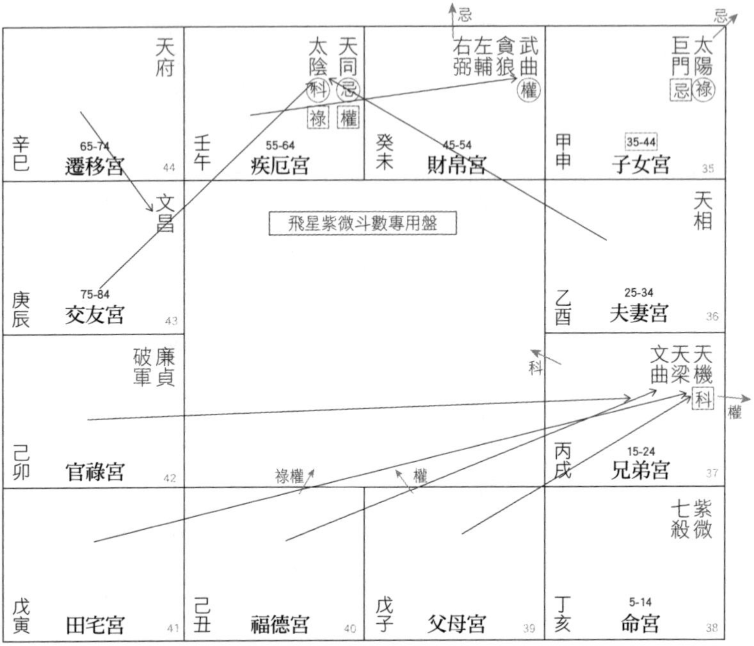
飛星紫微斗數專用盤
天府
辛巳 65-74 遷移宮 44
天同 忌 權
太陰 科 祿
壬午 55-64 疾厄宮 45
武曲 權
貪狼
左輔
右弼
癸未 45-54 財帛宮
太陽 祿
巨門 忌
甲申 35-44 子女宮 35
文昌
庚辰 75-84 交友宮 43
天相
乙酉 25-34 夫妻宮 36
廉貞
破軍
己卯 官祿宮 42
天機 科
天梁
文曲
丙戌 15-24 兄弟宮 37
戊寅 田宅宮 41
己丑 福德宮 40
戊子 父母宮 39
紫微
七殺
丁亥 5-14 命宮 38
忌
忌
科
權
祿權
權

學生B：感覺被沖的一般都好厲害。忌入的反而未必有大事。

周星飛：師公說，兩頭見忌，容易事情動盪不安，而無能為力的放棄，如果兩忌入相同一宮，容易溫水煮青蛙，事情磨到最後，撐不下去，就放棄了。這觀念很重要。

學生B：理解了，還是都會放棄。

周星飛：福德、官祿己文曲忌入兄弟，想幹大事。遷移辛文昌忌入交友，遇人不淑，識人不明。兩句話的綜合是：想幹大事，但是，遇人不淑，識人不明，只怕，容易被騙，只能鼻子摸一摸就回來了。福德、官祿與遷移，讓兄友線，兩頭見忌，容易事情動盪不安，而無能為力的放棄。

學生Ａ：實際情況是本人沒創業，透過其妹有投資福利事業，的確有創業的想法。

學生Ａ：只能鼻子摸一摸就回來了，這個意思是不是半途而廢的意思，老師？

學生Ｂ：就是無奈的回來了，放棄了，碰了一鼻子灰的意思吧。如果沒有遷移忌入交友，還是一樣創業不成對嗎？

學生Ａ：但她的朋友都積極想投資，做不下去了。

周星飛：「如果沒有遷移忌入交友，還是一樣創業不成對嗎？」就比較容易，因為兩頭見忌，容易事情動盪不安，而無能為力的放棄，如果兩忌入同宮，容易溫水煮青蛙，事情磨到最後，撐不下去，就放棄了。福德、事業忌入兄弟，溫水煮青蛙，執著成就、野心，且是非常強烈的念頭，容易做到死為止。遷移辛文昌忌入交友，遇人不淑，識人不明，兩頭見忌，容易事情動盪不安，而無能為力的放棄。

學生Ｂ：福德忌為偏執，這個還沒感情吧！被沖的。

學生Ａ：近乎是，長期異地。

貳、斗數進階

一、斗數手法介紹

本命盤是固定的，那本命盤上的事件何時發生呢？相應手法就是打開時間之門的鑰匙，告訴你什麼時候會發生什麼事。其中論各流年會發生什麼事情，除了可以使用「相應」手法外，「流年命宮四化走天下」與「流年疾厄宮四化走天下」亦可以來論流年可能會發生什麼事情，以下利用實際命盤來講解相應的手法。

註：相應跟流年命宮四化走天下的用法，二者獨立。本章節可以搭配前面文章〈大限、流年的轉換〉來看。

（一）相應

命主2012年30歲，2012年流年踏命宮，大限命宮在夫妻宮。

忌
忌
右弼
丁巳 父母宮 31
天機 權
戊午 福德宮 32
紫微 祿 破軍 文昌 科 文曲
己未 田宅宮 33
庚申 官祿宮 34
忌
太陽
丙辰 5-14 命宮 30
飛星紫微斗數專用盤
姓名：
陽曆：1983年7月27日6時
陰曆：癸亥年六月十八日卯時
性別：陰男
生肖：豬
局數：土五局
2013年 虛歲：31歲
天府 左輔
辛酉 75-84 交友宮
武曲 七殺
乙卯 15-24 兄弟宮 29
太陰 科
壬戌 65-74 遷移宮
科
天同 祿 天梁
甲寅 25-34 夫妻宮 28
天相
乙丑 35-44 子女宮 27
巨門 權
甲子 45-54 財帛宮 26
廉貞 忌 貪狼 忌
癸亥 55-64 疾厄宮 25

1、命宮丙天同祿入夫妻（大限命宮）

【本命命宮祿入大限命宮，相應】

象義有二：

(1)、命宮祿入夫妻宮。

(2)、命宮祿入命宮（視同命宮有生年祿）。

命祿入夫妻：

A、「尊重」配偶（異性）。與配偶「溝通良好」，配偶也「通情達理」。

B、容易「感情早發」（心智未必成熟）、「早婚」（非幸福者多）。

C、對配偶「放任、自由」，但

防自己多情而「劈腿」、「婚外情」。

D、事業較順（祿照事業），一生不愁花費的錢（夫妻—福德的財帛，「福份財」）。

E、可從事婚友社、新娘仲介。

F、逢「偏財星」，多意外財。

生年祿入命：A、主「福」。一生少憂，衣食無虞。

B、「通情達理」，隨緣「不固執」。好心情。

C、「不記恨」，「好相處」。「人緣好」（命宮—交友的共宗六位）。

D、婚姻、家庭相處都融洽（命宮為夫妻的福德宮）。

2、大限命宮（本命夫妻）甲太陽忌入本命命宮【大限命宮忌入本命命宮，相應】

象義有二：

(1)、夫妻宮忌入命宮。

(2)、命宮忌入命宮（視同命宮有生年忌）。

夫妻忌入命：A、「配偶固執」、「不好溝通」、「處處干涉」。
B、「欠債」的婚姻（感情），或配偶諸多「乖違」（譬如健康問題）、「過錯」，帶來極多惱苦。
C、婚後漸「收斂」而「不活躍」（忌沖遷移）。
D、只宜晚婚。（心智較成熟）
E、「桃花」必惹麻煩（感情債）、外遇紙包不住火。
F、勿賭、少做投機事，沒有不勞而獲。

生年忌入命：A、「執著」、「固執」、難溝通。
B、「記恨」、「煩惱」、「生氣」。
C、「貪、嗔、癡」，防入死胡同而不自知。
D、防「是非不分明」。
E、防「猜忌」、疑心生暗鬼。

這個生年忌入命是指命主的情緒，也指命主的另一半。

因為從借盤看六親的角度來看，夫妻宮忌入命宮，等同夫妻的命宮有生年忌。

3、交友宮（大限田宅宮）忌入田宅宮【大限田宅忌入本命田宅，相應】

象義有二：

(1)、交友宮忌入田宅宮。

(2)、田宅宮忌入田宅宮。（視同田宅宮有生年忌）

交友忌入田宅：A、防損友「是非耗財」、小人「蠶食鯨吞」。

B、「檢點門戶」、防盜賊登堂、宵小入室、「歹徒覬覦」。

C、小心「惡鄰」，是非串門入宅。

D、宜休閒產業、咖啡、茶藝（消磨時間），食品、雜貨、零售業、消耗品、日用品販賣（生活必需品）。

生年忌入田宅：A、生活的「壓力」。

B、房子「小」或「舊」，或「環境不佳」。

C、「守成」、「儉約」、「安靜守分」、「顧家」，辛苦起家。

D、宜「上班族」安定，或「現金生意」。

天機 科
紫微 破軍 權
己巳 26-35 福德宮 30
庚午 36-45 田宅宮 31
辛未 46-55 官祿宮 32
壬申 56-65 交友宮 33
太陽 左輔 忌
天府
飛星紫微斗數專用盤
姓名：
陽曆：1984年2月23日22時
陰曆：甲子年正月廿二日亥時
性別：陽男
生肖：鼠
局數：火六局
2013年 虛歲：30歲
戊辰 16-25 父母宮 29
癸酉 66-75 遷移宮 34
武曲 七殺 文曲 科
太陰 右弼 權
丁卯 6-15 命宮 28
甲戌 76-85 疾厄宮 35
天同 天梁 權
天相
巨門 忌
廉貞 貪狼 文昌 祿
丙寅 兄弟宮 27
丁丑 夫妻宮 26
丙子 子女宮
乙亥 財帛宮
權
祿
權 科
忌
權
祿

E、格局佳，「積沙成塔」、小生意賺大錢。

F、少人事交際往來。

G、容易是「長子」。

H、父母辛苦不得志，或為有憾。

（二）流年命宮四化走天下

周星飛

若今年流年踏福德：

1、福德宮己武曲祿入命宮

2、福德宮己貪狼權入財帛宮

3、福德宮己天梁科入兄弟宮

4、福德宮己文曲忌入命宮

那「套入流年命宮」如下：

1、流年命己武曲祿入本命宮

2、流年命己貪狼權入財帛宮

3、流年命己天梁科入兄弟宮

4、流年命己文曲忌入本命宮

流年命己武曲祿入本命宮，視同生年祿入命

流年命己文曲忌入本命宮，視同生年忌入命

上面的象義就可以參考梁派飛星象義，上面的手法，也可以用在「大限命、流年命、流月命、流日命」，比如說這個月是農曆三月，你的流月命宮在田宅。

1、田宅有一個天機命科，命丁天機科入田宅（流月命），這個是「相應」。

2、命丁巨門忌入子女，沖田宅（流月命）也是相應。

一樣也可以「祿轉忌、忌轉忌的」，如「忌轉忌」：福德己文曲忌入命，轉丁巨門忌入子女。

寫流月命宮田宅宮的四化

1、田宅宮庚太陽祿入父母宮

2、田宅宮庚武曲權入命

3、田宅宮庚太陰科入疾厄宮

4、田宅宮庚天同忌入兄弟宮

套入流月命宮四化

1、流月命庚太陽祿入父母宮

2、流月命庚武曲權入命

3、流月命庚太陰科入疾厄宮

4、流月命庚天同忌入兄弟宮

比如說流月命宮忌入兄弟了，可能想創業，沖交友，可能對人冷漠，不相干的就不想理，再轉丙廉貞忌入財帛，也是很忙於「賺錢」，或是「向錢看」。

命主回應：最近的想法確實也是，不相干的少管，怕給人家添麻煩。

（三）流年疾厄宮四化走天下

2012年流年疾厄宮是福德宮，那就直接找什麼宮位四化入福德即可。

例如上盤，福德宮坐紫微、右弼。

那就有：

1、生年乙紫微科入福德

2、命宮乙紫微科入福德

生年和命宮紫薇科入福德，命主本來就是優柔寡斷的個性。今年流年疾厄踏上福德，所以今年這個特點就更加明顯。

3、子女壬紫微權入福德（小孩讓我自信，我捨得花錢）

梁若瑜飛星紫微斗數 解釋命盤手法 之「四化走天下之二」

四化入流年疾厄宮

天府
辛巳 42-51 財帛宮 39
天同 太陰 文昌 忌 忌
壬午 32-41 子女宮 40
武曲 貪狼
癸未 22-31 夫妻宮 41
忌
太陽 巨門 文曲
甲申 12-21 兄弟宮
忌
庚辰 52-61 疾厄宮 38
飛星紫微斗數專用盤
姓名：
陽曆：1976年1月20日8時
陰曆：乙卯年十二月廿日辰時
性別：陰男
生肖：兔
局數：水二局
2013年 虛歲：39歲
天相
乙酉 2-11 命宮
廉貞 破軍 左輔
己卯 62-71 遷移宮 37
祿權
權
天機 天梁 祿 權 祿 權
丙戌 父母宮 32
權
戊寅 72-81 交友宮 36
己丑 官祿宮 35
戊子 田宅宮 34
紫微 七殺 右弼 科 科
丁亥 福德宮 33

手法步驟：

1、找出流年疾厄
2、找出化入流年疾厄的所有四化

以命理來說

1、2012年踏疾厄宮，流年疾厄坐福德宮
2、a. 生年乙紫微科入福德
　b. 命乙紫微科入福德
　c. 子女壬紫微科入福德
　d. 田宅戊右弼科入福德
　e. 交友戊右弼科入福德
3、a. 命主本來就很優柔寡斷
　b. 去年更明顯 不過是「慢慢花」
　　沖 財帛 花錢也會「享受」
　c. 小孩讓你很有自信、自大
　　沖 財帛 小孩讓你花錢很「兇」
　d. 家裡讓你也很享受、慢慢來
　　家裡也讓你花錢 慢慢花
　e. 朋友也都是君子之交
4、田宅戊右弼科入福德（家裡舒服，開銷不大、慢慢花）
5、交友戊右弼科入福德（君子之交，其淡如水）

叁、綜合補充心得

一、命盤不準，但用三時斷

本文取自【梁派《飛星命理》之7—何謂〈命盤不準，但用三時斷〉】。

命盤時間的原則：

1、一切以「當地出生時間為主」。

2、不準用「上下三時斷」。

3、如果都不準，就借「六親的命盤看」；飛星專門借命主的命盤看周遭六親的情況，是梁派飛星絕學之一！

4、再不準就「忘了這個時辰吧！」用別的方法吧！

5、何謂「三時斷」？

比如是「午時生的」，如果不符合命主的情況，那就找前一個時辰「巳時」，或是下一個時辰「未時」。用命盤來看看，符不符合命主的情況這個叫「不準但用三時斷」。

所有的命盤都要「定盤」後才能用。沒定盤的命盤不一定是對的。一般來說，順產命盤正確的機會是70%，有20%可能在上下的時辰，還有10%可能再上下的時辰。剖腹產命盤正確的機會是20%，還有80%可能是「找不到的」。

二、自化的解釋

1、自化怎麼解釋，有何具體的象義？

綜合梁老師所說過的整理，自化含自化祿、自化權、自化科、自化忌，皆有「容易消散」之象。

(1)、自化祿，是天真無邪，少防備。

(2)、自化權象義乃睡虎也嚇人，紙老虎。

(3)、自化科仍存文質之象。

(4)、自化忌，是不堅持到底，不求回報之象。

自化是少了自主和堅持的執性，所以產生有口無心、漫不經心、少原則、中看不中用、消散、無見地等惡源。自化以自化祿及自化忌傷害性較大，以其少原則性的因（祿）與果

（忌）有違於常態，縱令為得，亦恐失做人原則而生紛爭。

2、自化的特點：「不穩定」、「看似」、「三分鐘熱度」

(1)、「於情於性」：容易用情於當下，事後多所「漫不經心」，雖看似自在卻「少了原則性」。甚或「空乏自恃」、「優柔矛盾」、「耐性不足」、「不了了之」、「不能記取教訓」等等缺失。凡所有缺失都源於「沒有擇善固執」的理性與執性。

(2)、「於事於物」：無中生有（自化祿）、虛張聲勢（自化權）；或悠悠人事、若有似無（自化科），甚或頑空自滅、有也變無（自化忌）。少有大局觀，終究經不起衝擊、考驗。

(3)、「自我消散」：乃「自化」者，即存義於本宮的「自我消散」。尤以「自化祿出」及「自化忌出」存在危機較重。自化祿出有如金錢露白，容易遭劫；自化忌出則本宮自我的暗耗或消散，終究屬虛。易以修行立場引喻，自化（出）的隨緣、放下、空無，多屬渾噩的「無名受覺」，離開了智慧與明白，非屬明心見性的妙有真空！

唯自化祿與自化忌則必見其失。譬如田宅自化祿逢交友飛忌來入（同一星曜），是我祿遭劫矣。若易以田宅自化祿逢財帛忌入，雖不為失而是非生矣。設若田宅自化忌逢交友飛祿來入（同一星曜），雖友失我得，仍不免引發糾紛（此為得了便宜而賣乖，當然容易徒生怨恨）。若易以田宅自化忌逢財帛祿入，我將耗財，甚或引發家庭財務紛爭。

是以自化祿與自化忌於同一張命盤內不可多見，多見達五至六宮者，主此人個性、意志反覆，多失原則，勢必影響行止、作為和成就。凡見命盤十二宮自化祿、忌達5-6宮者，此命屬破格。思想、行為少恆常，人生起落顛頓。

譬如我命祿入夫妻逢夫妻宮以同星曜自化忌出，則祿忌成雙我將引發婚外情。然畢竟是婚姻宮見自化忌出，新人笑而舊人哭，不得圓滿。自化忌出於任何宮位皆非吉象，言該宮與我情義淡薄。如：

A、交友自化忌，與朋友情義不長久。

B、田宅自化忌，則不善理大財，不好守成而資源暗耗。

C、命宮自化忌，言不記恨亦恐將失處世原則。

餘仿此類推。大約守成（田宅）三方最不喜自化忌出傷庫。

祿入逢自化忌，忌入逢自化祿，都容易有失原則、不得圓滿，此象最易引是非紛爭。例如我命祿入交友宮逢自化忌，為我熱臉貼人冷屁股人且不屑，肉包子打狗。反之交友化祿入我命宮逢自化忌，人家倒貼我。

假如生年忌又自化忌的話，會不會吃虧了無所謂，於是一再吃虧？會的，自化忌，還會有「無所謂的個性」。沒關係，不放心上。但是一樣還是有「同星」和「不同星」的解釋上的差異。

如果是：

A、夫妻坐生年太陽忌，又逢夫妻太陽自化忌。

一樣會有「吃虧無所謂的個性」，但是這個「業力」會消失的。表示說：

a、這個男人「可能會有變好的時候」。

b、這個男人可能時間到了，該拿的拿到了，就走了。

但是，如果是：

B、夫妻坐生年太陽忌，又逢夫妻文曲自化忌。

「不一樣」的星曜的話，就是「兩碼事了」。

a、男人的素質不好。

b、我就用「不在乎」的態度去面對。

但是就沒有：

a、這個男人「可能會變好的時候」。

b、這個男人可能時間到了，該拿的拿到了，就走了。

所以同星跟不同星的解釋，又會有差別的。另外生年忌入交友，是重情義的個性，但是又逢交友自化忌：

a、平常都是重情義的個性。

b、偶爾就不重情義。

3、飛星派對於夫妻宮自化忌／自化祿的看法

夫妻戊天機自化忌：對異性有不用心、不在乎的態度。

夫妻戊貪狼自化祿：對感情容易「天真」。

這種自化祿、自化忌的解釋，也可以套用在其他十一宮上。如以下說明：

財帛自化忌：對工作賺錢冷淡、不用心、放棄。

財帛自化祿：對工作賺錢容易「天真」。天真是一種「態度」。

像夫妻自化祿，容易「自我感覺良好」。好像覺得我和異性關係不錯啊！也對感情存在「天真的個性」。如果有忌入夫妻，逢自化祿，祿就容易「被劫」，就是說，我容易有異性對我還不錯的「天真想法」，也可以視同，另一半的命宮有自化祿，那異性也比較天真一點。有忌進來干擾了，我也還是對感情是天真的，我那個另一半也是天真的，改天，另一半就跟人家跑了。自化祿，被忌劫走了。自化祿「天真的想法」，定力、定性不好，自化祿，都容易是「自我感覺良好」。

另外，遷移忌入夫妻，逢夫妻自化祿，轉忌入福德，有以下特點：

(1)、沒有女朋友的時候就會「痛苦」。

(2)、有女朋友的時候，不會應付「也痛苦」。

(3)、被劫走了「一樣痛苦」。

夫妻自化祿，容易感情上「天真、樂觀、不設防」，只要有人對你笑，「你就當真了」。

4、命忌入夫妻，逢自化忌。

命忌入夫妻：(1)、對「感情執著」、「疼惜配偶」。

(2)、命格差，婚姻（感情）「乖違」，諸多「付出」、「苦惱」。

(3)、或「迷情忘志」、沉醉慾海、拋夫（妻）棄子。

(4)、勿賭、少做投機，別妄想「不勞而獲」（福份財不旺、忌沖事業）。

(5)、適合上班或現金生意、仲介、技術、會計、顧問、代書等「服務業」（事業「忌出」，不囤貨、壓本）。

夫妻自化忌：(1)、防「不善經營」或「少聚情疏」的婚姻。

(2)、還防「貌合神離」、感情生了「離心力」。

(3)、對感情不堅持、不在乎，常會忘了另一半。

綜合來說，對感情執著，但「沒有堅持到底」的決定，常「反覆」，一下子執著，一下子又不執著地放棄。命忌入夫妻：言你對感情執著。逢夫妻自化忌：你對感情也是有

「不堅持的個性」，偶爾會忘了老婆的存在。所以，你也可能常常是「專情一下子」，事過，就心無痕。

5、生年忌入交友，又逢自化忌

生年忌入交友，又逢自化忌，有以下特點：

⑴、重情義的個性，但是又不會挺朋友到底，也許會半路抽身而退。

⑵、可能有交友的債，也可能會有「施恩會忘報」的個性。

比如借錢給朋友但會忘了這件事情。自化忌有不堅持、不求回報的個性。施恩是因為生年忌，忘報是因為自化忌。生年忌是施恩、債、責任感，自化忌是不堅持到底，不求回報。

6、工作狂

周星飛：福德坐生年戊天機忌，轉乙太陰忌入官祿宮。官祿逢生年戊太陰權，疾厄又戊太陰權入官祿。官祿有「一忌、雙權」，忌＋權這是工作狂的原因。

學生Ａ：老師，我官祿宮還有「自化忌」。

周星飛：一個一個象義要「分開看」，官祿乙太陰自化忌。官祿自化忌就會「斷斷續續」，工作狂不是「天天」，是一陣子一陣子「三天」。

學生A：對，原來的設計工作就是，有時要加班，有時也很閑，明白了，老師。

7、命是個性，福德也是個性

福德帶有「挑剔」，帶有「精神上的壓力」。命忌、福德忌，都是「單一」之象。福德忌入夫妻：是對感情「挑剔」而專一，愛欲其生，恨欲其死。命忌入夫妻：是對感情「專一之象」，不過又夫妻自化忌。也是「偶爾」會忘了「另一半」。所以有「愛愛又停停」之象，不堅持到底之象。

8、遷移自化，是容易「顯於外」、「好像」

遷移自化祿：看似到處都吃得開的樣子。

遷移自化權：待人處世像「老虎一樣」，處處表現很「霸氣」。

遷移自化科：待人處世很「客氣」，氣質好，斯斯文文的。

遷移自化忌：不善攀緣，對社會關係冷淡，待人處世的態度是無所謂，有也好，沒有也很好！

9、福德宮忌入命，命宮自化忌怎麼理解？

福德宮忌入命，命宮自化忌怎麼理解？自己給自己「壓力」，會有點杞人憂天！不過命宮自化忌，有時候想一想又「好了」！反反覆覆的杞人憂天。

命宮忌入福德，福德自化忌呢？就是重視自己的「感覺」，但是也常常「把感覺放一邊」！

10、夫妻宮甲廉貞祿入命宮，命宮丙廉貞自化忌，這個怎麼解釋呢？

(1)、人家對你示好，你「不想理」。

(2)、你也可能「來一個死一個，來兩個死一雙」，船過水無痕！

(3)、緣份來了，沒感覺到，反應遲鈍。

(4)、來多少都無所謂，不怕吃不下，就怕沒得吃。

11、交友忌入財帛，財帛宮自化祿

交友忌入財帛，我財帛宮自化祿，就是我朋友向我借一百元，我財帛宮自化祿，所以我就說：「一百不夠吧！借你兩百吧！」交友劫了我的祿，我還「很高興的」借給了他。自化祿是「天真」不設防。對交友來說是「雙祿」，獲得更多！對財帛來說是「雙忌」，損失更大。

12、子女自化忌

學生A：生年辛文昌忌入子女，命辛文昌忌入子女，福德辛文昌忌入子女，子女宮戊天機自化忌。命辛文昌忌入子女，會不會轉戊天機自化忌？如果能轉的話，是消散掉了還是別的什麼？

周老師：自化忌是「一陣子一陣子的」，好事、壞事皆消散。

命辛文昌忌入子女，逢子女宮戊天機自化忌：

(1)、你是關心「小孩的」。

(2)、但是這個關心會「一下子有，一下子沒有」。

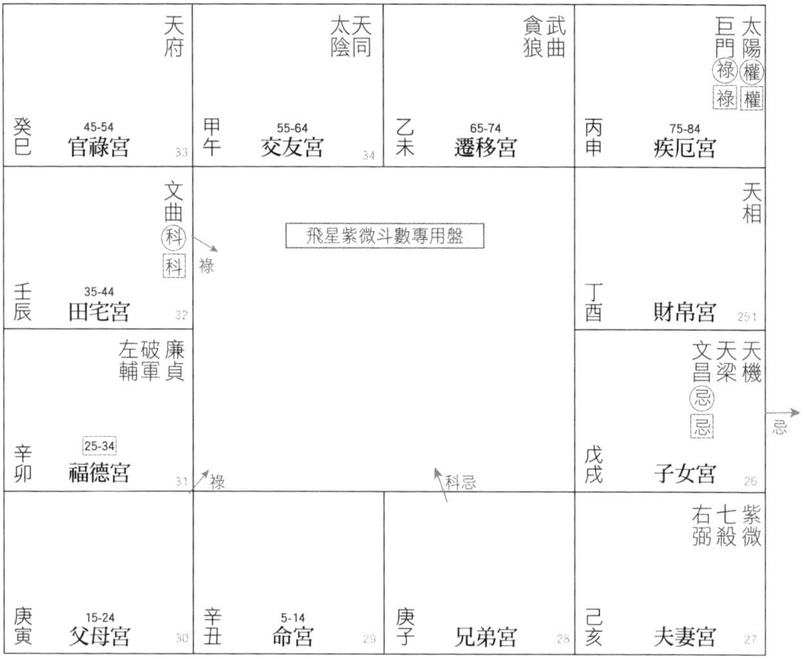

飛星紫微斗數專用盤
天府
癸巳 45-54 官祿宮 33
太陰 天同
甲午 55-64 交友宮 34
貪狼 武曲
乙未 65-74 遷移宮
巨門 祿 祿 太陽 權 權
丙申 75-84 疾厄宮
文曲 科 科
祿
壬辰 35-44 田宅宮 32
天相
丁酉 財帛宮 251
左輔 破軍 廉貞
辛卯 25-34 福德宮 31
祿
科忌
文昌 忌 忌 天梁 天機
戊戌 子女宮 26
忌
庚寅 15-24 父母宮 30
辛丑 5-14 命宮 29
庚子 兄弟宮 28
右弼 七殺 紫微
己亥 夫妻宮 27

象義如下：

命忌入子女：

(1)、「疼子」、「用心於小孩」、「愛深責切」。

(2)、格局差，為子操勞、「欠子債」。

(3)、「驛馬」、「搬家」、「脫產」、「退財」。

(4)、「財不能守」、理財觀念差（沖庫）、人生「多起伏」。

(5)、「合夥不順」，須多費心。

(6)、自己也「在家待不住」。

子女自化忌：(1)、「少用心」於

子女的「教養」或「不得要領」、「顛三倒四」的教導作為。

(2)、小孩「拂逆我意」或子女對我產生「離心力」。

(3)、子息「緣(福)不厚」，養兒「未必能防老」，還防「晚境自給」飽暖(縱有若無)。

(4)、合夥「難成事」或合夥「緣不長久」。

(5)、逢「桃花星」，飢不擇食的「爛桃花」。

13、田宅自化

自化忌有「不用心」、「不堅持」、「無所謂」。田宅的自化有以下特點：

(1)、田宅「自化祿」，房子外面的空間、陽臺「適合、舒服」。

(2)、田宅「自化權」，房子外面的空間、陽臺「廣大、寬闊」。

(3)、田宅「自化科」，房子外面的空間、陽臺「小巧、精緻」。

(4)、田宅「自化忌」，房子外面的空間、陽臺「狹窄、不如意」。

你和你配偶兩個人的命盤，田宅宮自化很少會相同的，但你們又住同一間房子，這怎麼解釋？如果老公命盤田宅有個自化科，老婆命盤田宅有個自化權，那「外面」是「小巧還是大」？其實「都有可能的」。但是，如果一個是田宅自化權，一個是田宅自化忌，一個是田宅自化權，這個就是「極端之象」。有可能一面是「大」，一面是「小」。比如說，前面是大，但另外兩面可能很「亂」。所以「祿權科」是一組，忌，單獨是一組。自化祿權科，可能「差不多」。可能權會大。祿科，可能差不多。權是「大」，祿科是「中」，忌是「小」。

所以如果老婆、老公的田宅一個是自化祿、一個是自化權或自化科，可能就差不多。如果，一個是自化權、一個是自化忌，可能就差很多了。自化畢竟具虛有其表的意思。比如田宅自化權，那房子的外部給人感覺寬廣、開闊，而房子的內部可能並沒有感覺上那麼大。

14、自化忌

周星飛：命丙天同祿入事業，喜歡天同的工作。想做愉快的服務業、餐廳、醫院之類的。當然，行業愈小愈不準，但還是在「天同的範圍之內」。官祿宮庚天同自化忌，對這個工作也是「三分鐘的熱度」。喜歡，也是三分鐘，熱了又會冷了。

學生A：老師，是遇見困難會放棄的意思嗎？不能夠堅持。

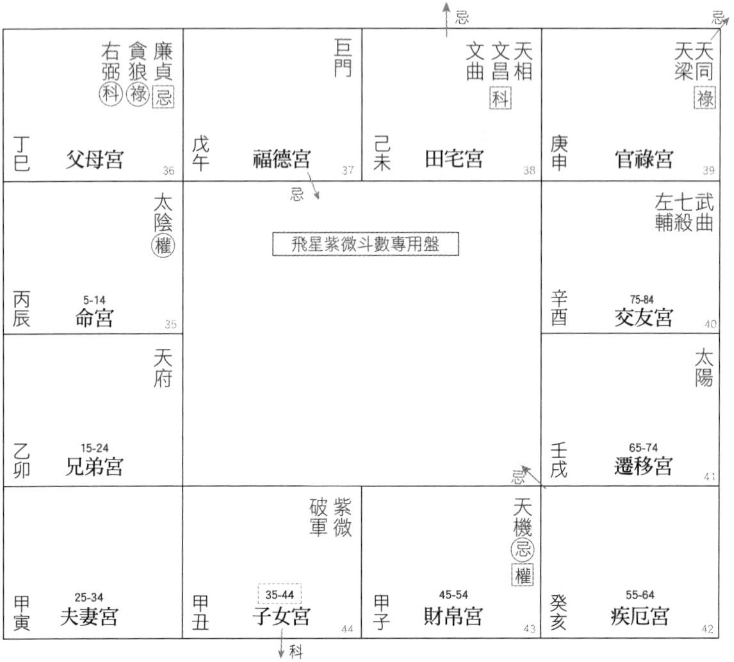

飛星紫微斗數專用盤
廉貞 忌 貪狼 祿 右弼 科
丁巳 父母宮 36
巨門
戊午 福德宮 37
天相 文昌 科 文曲
己未 田宅宮 38
天同 祿 天梁
庚申 官祿宮 39
太陰 權
丙辰 5-14 命宮 35
武曲 七殺 左輔
辛酉 75-84 交友宮 40
天府
乙卯 15-24 兄弟宮
太陽
壬戌 65-74 遷移宮 41
甲寅 25-34 夫妻宮
紫微 破軍
甲丑 35-44 子女宮 44
天機 忌 權
甲子 45-54 財帛宮 43
癸亥 55-64 疾厄宮 42
忌
忌
忌
忌
科

周星飛：不是。事業自化忌對工作來說，是「不持久，不夠用心，虎頭蛇尾」。但是，事業宮的自化忌是「天同」，尤其對這種「工作類別的」，個性明顯五分鐘熱度。如果是「文昌自化忌」，那就不一定是針對你喜歡的「天同」。同星跟不同星，是有差別的。你喜歡天同，但也對天同是三分鐘熱度。如果是文昌自化忌，那就要「換解釋」。你喜歡天同，但是可能有「別的原因」造成工作上有三分鐘的熱度。現在剛好是命丙天同祿入事業，逢事業庚天同自化忌。如果文昌自化忌，造成「工作上三分鐘的熱度」的原因，當然一定跟「文昌自化忌」有關。至於是「什麼」，就不知道了。這個是很「細」的答案。

倘若田宅、父母以甲廉貞祿入財帛，逢「廉貞自化忌」，是「田宅、父母」化廉貞祿來填補我財帛宮廉貞自化忌的問題。有其義「田宅、父母」是拿出錢來擦我的屁股—我惹出來（廉貞忌）的問題，然後我還認為是「理所當然」（同星曜的祿忌，是針對「問題」而來解其困）。

若不是「同星曜」自化忌的情況，田宅、父母以甲廉貞祿入財帛，逢「文昌自化忌」，僅能講說，父母、田宅都會給我財帛。終究原因乃是命主自己不會理財，亂花錢，以致金錢自然的流失。

學生A：懂，就是說引起自化忌的原因不同。

周星飛：對。所以，你對「天同」是喜歡，也是有「不持久」之象，有「針對性的」。

周星飛：自化忌都有「不持久」，不夠用心，虎頭蛇尾，還有一個田宅己文曲自化忌。

你也是「田宅」有「不持久」，不夠用心，虎頭蛇尾。

註：象義解釋：

田宅自化忌：(1)、「漏財」、「暗耗」，「經濟空虛」。

(2)、最忌「採光不足」、「雜物堆積」、「髒亂窒礙」，令家運「惡性循環」。

(3)、防家庭「離心力」，各懷異志。防「宗疏親離」。

(4)、容易常「搬家」、「脫產」。防家庭「空洞化」。

周星飛：田宅自化忌，每一個「象義」現在看都是「獨立的」。田宅己武曲祿入交友，轉辛文昌忌入田宅。

象義解釋有2：

(1)、田宅祿入交友。

(2)、田宅祿入田宅，透過「交友」（視同田宅有生年祿）。

田宅祿入交友，照兄弟，兄弟宮是「成就位」。這個也說，如果你「田宅有生年祿」，就可能有以下情形：

(1)、買房子要買「店面大」、「人多」的地方。

(2)、可能要「做生意」。

周星飛：像這個大限來看，田宅（大限交友）己武曲祿入交友，有「相應了」，但不是一定如何。交友辛文昌忌入田宅（大限交友），逢田宅己文曲自化忌，當然也會遇到「不好的人」。

周星飛：但逢田宅己文曲自化忌，可能你們家也「不在意」。所以事情就「過了就算了」。跟一開始說的「同星跟不同星的問題」又是一樣的。人家是「文昌忌來」，你們家是「文曲自化忌」。

學生A：懂，不追究、不在意。自化忌的原因在於文曲方面，吃虧是福。

周星飛：你們家也有「不計較的個性」，或是不理很多事的個性，或是根本不想「生事」的個性。隨便、隨和，反正「沒有針對性」。這裡「自化忌」就變「好的解釋了」。

學生Ａ：面對外來的文昌忌，自己是文曲自化忌，是包容的意思吧！

周星飛：對！但是你有一個命丙文昌科入田宅。你對這個家會有點「優柔」。如果交友以辛文昌忌入田宅，遇到你的命科，就會有「拖拖拉拉的行為」。假設客人不付錢，你就用「優柔的方式」，可以拖著客人的不付錢的行為，跟他「盧」，拖拖拉拉的，把「傷害降低」。

學生Ａ：懂，用柔和的手段來解決問題。

周星飛：對。如果你是命文昌權的話，交友的忌進來，那就可能「打架了」。那如果，是命祿入田宅，逢交友的忌，那你可能「吃虧」也無所謂的。

學生Ａ：懂。包容、大方。

周星飛：就會「一再的」包容、大方。

學生Ａ：那就是被交友忌吃定了。

周星飛：你們家有開店啊？還是家裡是熱鬧的地方？臨近生意地？

學生Ａ：家裡是熱鬧的地方，處於比較繁華的地段，臨近生意地。

周星飛：那交友的文昌忌是「安靜」？還是「吵鬧」？

學生Ａ：吵鬧。附近有學校、醫院，還有超市。

周星飛：嗯，文昌忌會有「令人精神衰弱」之象。

周星飛：那你會「做什麼行為」來跟「文昌忌」拖拖拉拉一下的？

學生Ａ：會講道理和包容。不計較，命科。

周星飛：田宅自化忌，不計較。田宅武曲祿入交友，田宅還跟「武曲」有緣。田宅祿入交友，就容易住在「熱鬧的地方」。武曲，可以說跟「錢」很有關的地方，「靠近錢味」。

學生Ａ：比如銀行等。

周星飛：小生意攤，也是錢，市場也是錢。能夠說到「這樣子」，能夠說出環境情況，就已經很厲害了。這樣會描述了嗎？你們可以慢慢來，就開始說故事了。

15、講驛馬到田宅自化

學生Ａ：這張命盤，命宮己丑坐天府。可以看出會有驛馬，哪月會出門嗎？

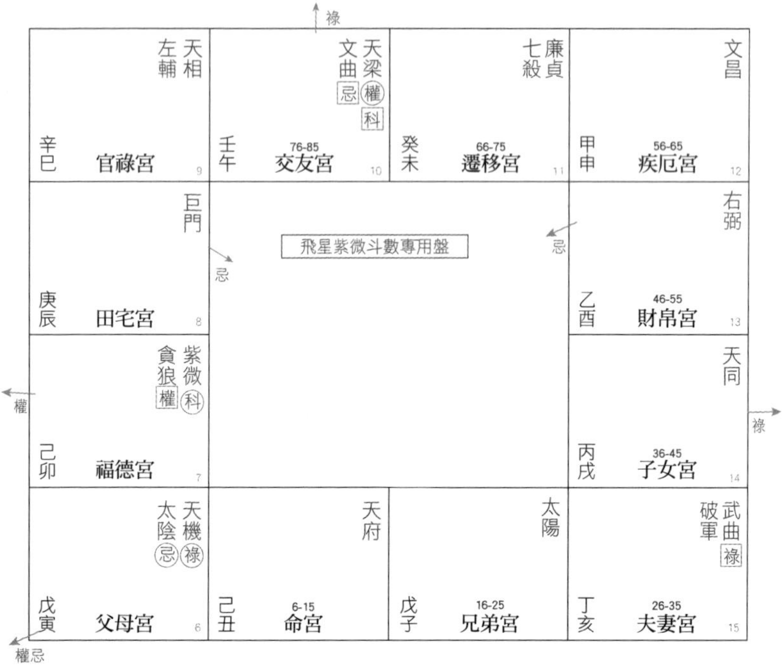

祿
天相 左輔
辛巳 官祿宮 9
天梁 權 科 文曲 忌
壬午 76-85 交友宮 10
廉貞 七殺
癸未 66-75 遷移宮 11
文昌
甲申 56-65 疾厄宮 12
巨門
庚辰 田宅宮 8
飛星紫微斗數專用盤
忌
忌
右弼
乙酉 46-55 財帛宮 13
紫微 科 貪狼 權
權
己卯 福德宮 7
天同
祿
丙戌 36-45 子女宮 14
天機 祿 太陰 忌
戊寅 父母宮 6
權忌
天府
己丑 6-15 命宮
太陽
戊子 16-25 兄弟宮
武曲 祿 破軍
丁亥 26-35 夫妻宮 15

周老師：比如說，找一下流年、大限有沒有忌入父母宮的，或是四化入父母宮的，沖照疾厄。

學生A：兄弟戊天機忌入父母，逢父母戊天機自化忌。

周老師：所以在兄弟大限的時候。以戊天機忌入父母。理當有很有重的驛馬。逢生年乙天機祿，可能有讀書外出之象。

學生A：是啊！在外讀大學呢？

周老師：逢財帛乙天機祿來會，可能讀財經的，或是什麼賺錢快的。不過逢生年乙太陰忌，還可能讀書讀得很痛苦。可能有些科目讀得很好，有些讀得很爛。逢父母戊天機自化忌，反正讀過就算了，痛苦就算了。

學生Ａ：嗯，明白了。

周老師：一樣的道理，田宅庚太陰科入父母，也可能有時候會驛馬的。科也可能是讀書讀三個月，或是離開辦公室三個月的。逢生年乙太陰忌，也可能長輩中有壓迫你的，不得不去應付一下，或是說也可能家裡有出去玩，三天之類的，應付一下長輩。

學生Ａ：這個可能性很大。

周老師：或是說，家裡外面種了些花花草草的，比較好看的，或是家的外面裝潢一下了，太陰忌。

學生Ａ：嗯，沒錯，是準備弄一下。

周老師：田宅科入父母，當然是要把房子外面弄好看點。逢生年忌，可能本來就有問題的地方，科一下，應付一下。比如說牆壁有掉漆了，不好看，那先油漆一下，應付一下。

學生Ａ：嗯，拖三年。那裝修是什麼飛化呢？田宅四化入父母？

周老師：忌，就不像了。田宅祿權科入父母，讓家裡好看，也可能會多驛馬，出外玩，還可能搬家，搬到高處，人多的地方，交通好的地方。科，比如說搬到三樓，祿，可能搬到好地方。比如說我以前遇到一個例子，田宅壬天梁祿入父母，搬到高樓豪宅。像師公的，命壬天梁祿入田宅。師公是住七樓，頂樓拿來種花草、種菜，有田園之樂。所以天梁是跟花花草草有緣的、田園之類的。以下三種，都容易有田園之樂的個性及行為：

(1)、田宅坐「天梁」。

(2)、田宅宮干化壬天梁祿。

(3)、田宅宮干化乙天梁權逢命祿、疾厄祿、生年祿。

學生A：田宅宮干化天梁祿，化到哪一宮都行？都是豪宅？

周老師：田園、高樓、豪宅都可能。有花花草草的。

學生A：嗯，我還真是喜歡花花草草的房子呢！老師，那田宅天梁命祿，逢自化權。那是不是就又是豪宅又是田園生活呢？

周老師：不是。田宅自化權，可能外面看起來很大，廣場大，園子大。田宅乙天梁自化權，也是庭院大的。所以自化當然是一種虛有其表，但也可能本身就很大。比如田宅自化祿，也可能房子不大，但是庭院適合。田宅自化權，房子不大，但是庭院很大。田宅自化科，房子不大，但是庭院小小的、精緻的。田宅自化忌，房子不大，但是庭院沒有。自化科，可能庭院很精緻。比如說三平方米，你就搞得「很活」。比如說，你也不喜歡「庭院太大」。太大就不好「照顧了」。自化科，總想弄「精緻點」。

16、講命宮多忌與自化忌實盤

學生Ａ：老師，我剛發現一朋友，命在丁酉，坐天機巨門文昌。命中有四忌，官祿＋事業＋父母＋生年忌，還好命自化忌，否則是不是更壞？

周星飛：是啊！自化忌就是「好壞」都不「放心裡」，吞了就吞了。

學生Ａ：老師，自化忌會不會消除不好的呢？

周星飛：自化忌就是「好壞」都不「放心裡」。還有生年忌，這個容易出生死關的大事。你可以問一下，是不是有過幾次快死掉的嚴重大事。

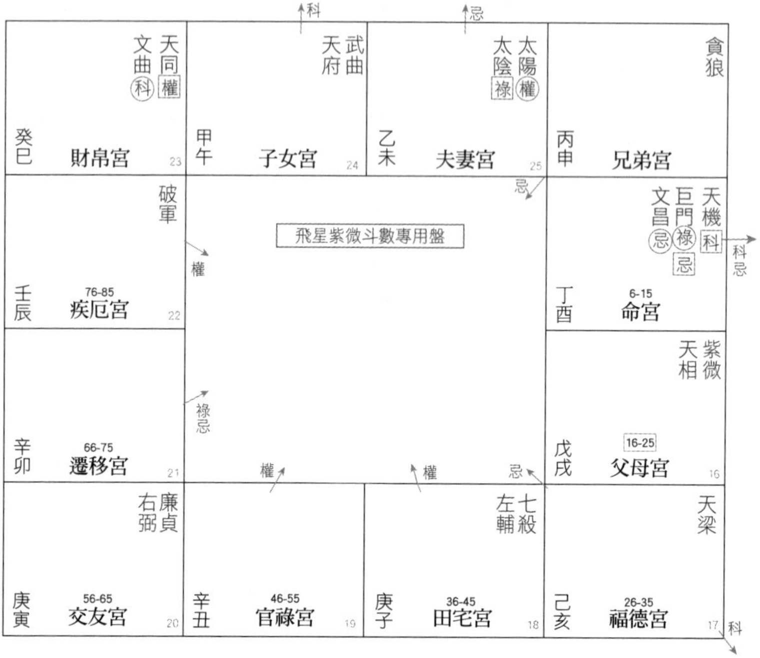
飛星紫微斗數專用盤
天同 權
文曲 科
癸巳 財帛宮 23
武曲
天府
甲午 子女宮 24
太陽 權
太陰 祿
乙未 夫妻宮 25
貪狼
丙申 兄弟宮
破軍
壬辰 76-85 疾厄宮 22
天機 科
巨門 祿 忌
文昌 忌
丁酉 6-15 命宮
辛卯 66-75 遷移宮 21
紫微
天相
戊戌 16-25 父母宮 16
廉貞
右弼
庚寅 56-65 交友宮 20
辛丑 46-55 官祿宮 19
七殺
左輔
庚子 36-45 田宅宮 18
天梁
己亥 26-35 福德宮 17
科
忌
權
祿
忌

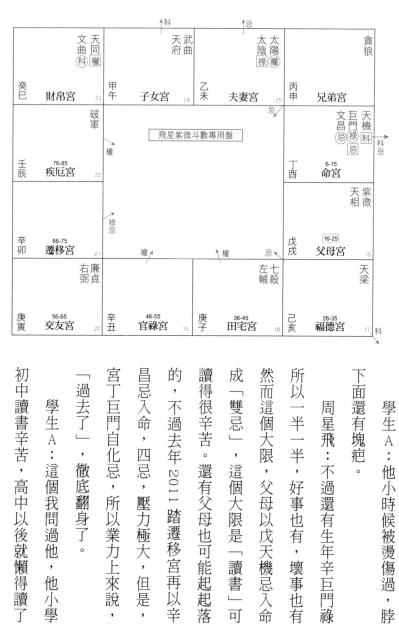

學生A：他小時候被燙傷過，脖子下面還有塊疤。

周星飛：不過還有生年辛巨門祿，所以一半一半，好事也有，壞事也有，然而這個大限，父母以戊天機忌入命，成「雙忌」，這個大限是「讀書」可能讀得很辛苦。還有父母也可能起起落落的，不過去年 2011 踏遷移宮再以辛文昌忌入命，四忌，壓力極大，但是，命宮丁巨門自化忌，所以業力上來說，算「過去了」，徹底翻身了。

學生A：這個我問過他，他小學、初中讀書辛苦，高中以後就懶得讀了，現在大二。

周星飛：這可以當老師的，寫一下父母的祿轉忌，逢祿來會。

學生Ａ：父母戊貪狼祿入兄弟，轉丙廉貞忌入交友，逢子女宮甲廉貞祿來會，真的適合當老師，哈哈。

周星飛：是，而且也容易從事「幼教」的工作的，寫一下福德宮的忌轉忌。

學生Ａ：福德己文曲忌入財帛，轉癸貪狼忌入兄弟。

周星飛：會去抓到父母宮的戊貪狼祿。

學生Ａ：理解了，劫了貪狼祿了，那他貪狼，是不是有修行天賦？

周星飛：是，當然有，你問他「琴棋書畫」會幾個？是不是也喜歡「古文」？

學生Ａ：他學文科的，理科很弱。哈哈，應該這個比較在行。

周星飛：也是家道中落的命盤。你也可以問他，福德跟田宅交忌，是為了錢，也是家道中落之象，所以成家「念頭」不大。命丁太陰祿入夫妻，對每個異性都很好，但是夫妻乙太陰自化忌，是又不堅持到底，所以說大概就是「玩玩」就好了。福德己文曲忌入財帛，田宅庚天同忌入財帛。雙忌，愛錢。轉癸貪狼忌入兄弟，又是錢，又是現實。所以他的人生觀就是金錢跟成就。夫妻乙天機祿入命，異性緣也很好的。

學生Ａ：是的，人長得挺帥的。

周星飛：逢命丁天機自化科，可能有一次弄三個之象，再逢命丁巨門自化忌，也可能吃了就吃了，不怕吃不下，只怕沒得吃。所以他的「手上」，大概有「三個」女朋友在「周轉的」。而且還有很多的備胎。

學生Ａ：喜歡他的女生是挺多的，而且都是不缺錢的女生。老師，他疾厄天梁祿入福德，轉己文曲忌入財帛，同時兄弟丙天同祿入財帛，命丁天同權入財帛，是不是代表這個人穿得很好？據我所知，他都是穿限量版的名牌衣服。

周星飛：父母是長相，不過這個是跟「花錢有關」的。福德、田宅、交友忌入財帛，是會讓「金錢觀扭曲」，和花錢有關的，而且又逢到「命丁天同權」，更是「激烈」。不過還有一個生年科，如果要買的話，可能會「拖個三天」，或是去「比價一下」再去買的。

學生Ａ：是的，很準確。

17、講遷移、福德自化忌

遷移宮與福德宮自化忌象義如下表整理。其中，遷移宮自化忌象義的「不愛交遊、不喜逢迎而遺世渺俗」；福德宮自化忌象義的「看似自在，絕非修行的妙有真空」，可以理解自化忌都「看似」有空性，好像「不沾鍋一樣」。遷移自化忌則會想「暫時的當宅男／女」。

表3-1 遷移宮與福德宮自化忌象義

遷移宮自化忌象義
1.防「耿直而少智」、「雜亂無章法」。
2.「粗枝大葉」、「忘性不敏」而少有「防人之心」，不能記取「前車之鑑」。
3.「不愛交遊」、「不喜逢迎」而「遺世渺俗」。
4.待人處世比較淡，隨緣。
5.常不喜歡應酬交際，不愛管社會上發生什麼事。

福德宮自化忌象義
1.防「憂惱無名」、「喜愛非常」、「好惡自變」。
2.「耐性不足」，不耐久煩。
3.逢他宮飛「祿」以入，得了便宜還賣乖（同星曜「祿忌成雙祿」），徒生仇怨。
4.福不足，防「災病」。
5.看似自在，絕非修行的「妙有真空」。

18、「暫時解脫」的自化忌

學生Ａ：這個月踏上了，生年忌，自化忌，煩啦煩啦！老師，我們公司在籌備上市，能不能成功啊！從盤上看？

周星飛：有個自化忌，就會「暫時解脫的」，你這麼旺公司，當然會上市啊！

學生Ａ：我最近真的是忙瘋了，從西元2013年4月26日開始，到現在每天八點上班，下班回家12點。到今天還沒結束。真的累死了。

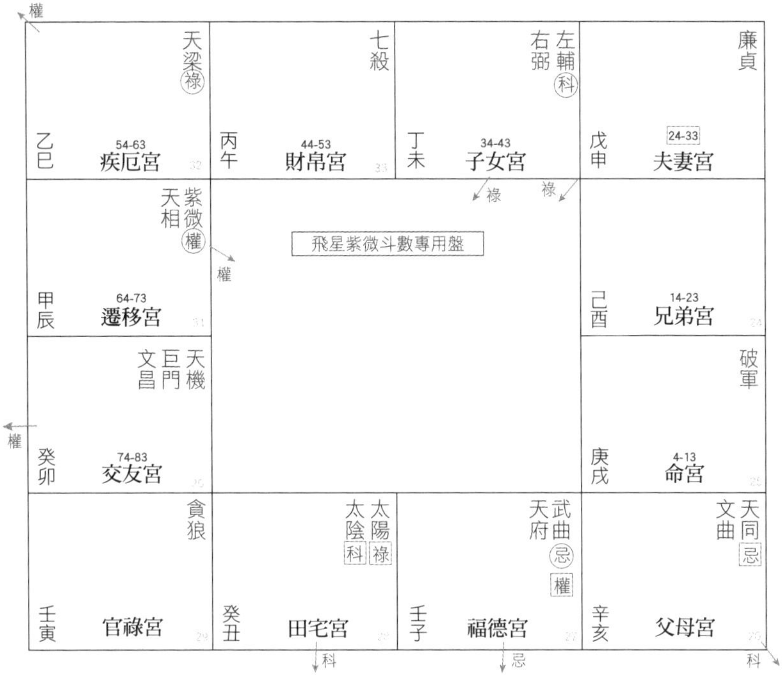
飛星紫微斗數專用盤
天梁 祿
乙巳 54-63 疾厄宮
七殺
丙午 44-53 財帛宮
左輔 科 右弼
丁未 34-43 子女宮
廉貞
戊申 24-33 夫妻宮
紫微 權 天相
甲辰 64-73 遷移宮
己酉 14-23 兄弟宮
天機 巨門 文昌
癸卯 74-83 交友宮
破軍
庚戌 4-13 命宮
貪狼
壬寅 官祿宮
太陽 祿 太陰 科
癸丑 田宅宮
武曲 忌 權 天府
壬子 福德宮
天同 忌 文曲
辛亥 父母宮
權
祿
科
忌

周星飛：有自化忌，一定會放假的，可能有員工旅遊之類的，或是請幾天假。

學生A：員工旅遊，是老闆說的，忙完後，帶我們出去，我就不知道多久才能忙完啊！

周星飛：你說這個月踏自化忌嗎？那就這個月了，應該是四月份的下半月，可能要4月20日之後了，自化忌就會得「暫時的解脫」。

三、自化祿能不能轉忌

梁老師提出，凡「祿轉忌」的忌落之宮，如得「同星曜」的「生年祿」、「命祿」或本宮「自化祿出」坐該宮，則此宮當然必須做「二度轉忌」。

比如說下圖這個命盤，命丙天同自化祿，轉丙廉貞忌入子女，逢夫妻甲廉貞祿來會。按照梁老師說的是交雙祿，但是亦可以解釋為「一忌一祿」的相會，原因在於「命丙天同自化祿，轉丙廉貞忌入子女」，命自化祿的祿帶入了子女宮，這個象義要怎麼解釋？很難解釋。

但是整體來看，到底自化祿可不可以轉忌這個議題，沒有什麼好爭議的，因為並不影響「大局」，有錢也不會因為一個自化祿就有錢的，因此還是會回到梁派的飛星體系裡的

飛星紫微斗數專用盤
廉貞 忌 貪狼
癸巳 36-45 子女宮 43
巨門 祿 文昌 忌 科
甲午 26-35 夫妻宮 44
天相
乙未 16-25 兄弟宮 45
天同 祿 天梁 文曲 科
丙申 6-15 命宮
太陰
壬辰 46-55 財帛宮 42
武曲 七殺
丁酉 父母宮
天府
辛卯 56-65 疾厄宮 41
太陽 權
戊戌 福德宮 36
左輔
庚寅 66-75 遷移宮 40
紫微 破軍
辛丑 76-85 交友宮 39
天機 權 右弼
庚子 官祿宮 38
己亥 田宅宮 37
忌
祿
科
權
權
忌

多祿權串連或是多忌串連，才能梳理出會發生的大事。

四、夫妻宮的用法

1、夫妻宮的細論用法

生年祿在夫妻宮，有幾個含意：

(1)、老婆（另一半）的個性好。

(2)、自己容易因異性獲福。

(3)、福份財（福德的財帛）佳，容易有財。

(4)、田宅的共宗六位（家庭和樂）。

(5)、事業的遷移佳。在外的事業順利。

(6)、交友的交友。好朋友多一點。

(7)、遷移的氣數位。在外順利。

少小限 的説明

忌
祿
廉貞 忌 貪狼
癸巳 36-45 子女宮 43
巨門 祿 文昌 忌 科
甲午 26-35 夫妻宮 44
天相
乙未 16-25 兄弟宮 45
天同 祿 天梁 文曲 科
丙申 6-15 命宮
太陰
壬辰 46-55 財帛宮 42
科
夫妻宮 是「少小限」
管 命宮 6-15
跟 1-5歲
所以 這一張 火六局
命盤 是管「1-15歲」
其他的「比照這個例子」
權
武曲 七殺
丁酉 父母宮
天府
辛卯 56-65 疾厄宮 41
忌
權
太陽 權
戊戌 福德宮 36
左輔
庚寅 66-75 遷移宮 40
紫微 破軍
辛丑 76-85 交友宮 39
天機 權 右弼
庚子 官祿宮 38
己亥 田宅宮 37

(8)、疾厄的田宅（身體不錯）。

(9)、財帛的福德。財富來得容易一點。

(10)、子女的父母。當然是有好父母。

所以不一定另一半是有錢人，但是結婚會因為另一半而獲福！

2、命宮無大限，夫妻宮為「少小限命宮」

「第二大限前的所有年歲」皆寄於夫妻宮稱為「少小限」。其少小限宮飛化應回歸「父母宮」為立太極點，吉凶之應歸於父母宮而非本命宮。也就是說立太極點於父母宮，借父母之子女位夫妻宮設為「少小限」。第三大限行夫妻宮，其飛化的吉凶之應是歸於本命宮為太極點，故此兩同宮的不同限，四化相同而吉凶各異。

比如說生年忌入夫妻或是生年忌入官祿，有下列情況發生：

(1)、命主小時候，如果被親生父母帶的話，容易有很多的問題。

(2)、被親生父母以外的人帶大！

(3)、認神明當義子、義女！

這個可以提供參考！忌入少小限跟沖少小限的情況！

3、感情類

(1)、命宮四化入夫妻的解釋：

A、命祿入夫妻，是有「博愛的傾向，對每個異性都好」。

B、命權入夫妻，比如命盤是男的，就會有「大男人主義」的傾向，喜歡對異性有掌控慾望，喜歡佔上風。

C、命科入夫妻，對異性文雅、文質彬彬有禮，感情上有拖拖拉拉的個性。

D、命忌入夫妻，是對「單一異性」投入他所有的愛，癡心給「單一的對象」！每個祿權科忌都各有其「獨特的含意」！以此類推。

(2)、地下化戀情的命理—夫妻宮忌入父母宮：

A、感情上是不想曝光的，怕見光死！

B、怕影響到「長輩的心情」，怕影響長輩，然後就有長輩的壓力，父母不同意就分手了！

C、另一半是命忌入父母，是孝順的、不苟言笑的、個性直率的！怕帶回家，惹長輩不高興！

D、可能另一半有什麼「見不得人」的事情，所以不想曝光！比如說另一半是一個「有官司、犯罪的」！尤其遇到廉貞（法律星）、巨門（是非星）更加明顯。

E、可能另一半跟命主的背景、條件差太多了，公主跟乞丐，門戶不對！

F、可能另一半跟命主不想去，或是無法去「登記」，成為「有名分的夫婦關係」！尤其遇到巨門（戶籍星）更加明顯。

所以夫妻忌入父母容易是「低調的、感情上的想法跟行為」！

4、工作類—你會不會失業、會不會減肥

假設生年忌入夫妻踏到的時候：

(1)、容易沒飯吃或是吃不下飯就瘦了。以吃飯來說，結果就是沒吃，但是過程可能是不想吃或者沒飯吃。為了減肥一天一頓飯。

(2)、生年忌入夫妻沖官祿，以工作來說，結果就是沒工作，但是過程可能是沒工作，或是也不想工作。所以夫妻宮可以看「胖瘦」，看有沒有工作！任何一宮忌入夫妻都容易有上面的情況的！

5、吃東西、胖瘦

(1)、「吃飯吃得飽不飽」

福德是「享受」吃東西有「想法的」，先有「想法」再去吃東西，假設福德丙天同祿入疾厄，可能會「享用美食」，但沒有說「會不會吃飽」，或是吃半飽或是吃一點點。

(2)、「胖瘦」

看「夫妻宮」，翻閱夫妻宮：

A、看「感情」、「婚姻」。

B、「少小限」的借宮之位（主第二大限前的所有年限）。

C、看「福報」中的「福份財」—福德的財帛宮。

D、廚房（疾厄的田宅—健康的收藏宮）。

E、出外的運氣位—「遷移」的九位「氣數」宮。

F、看「體型」—疾厄的「田宅宮」。

G、大舅、二哥（弟）位。

H、兄弟的「經濟狀況」（兄弟的兄弟宮）。

6、看「體型」—疾厄的「田宅宮」

我們說疾厄忌入夫妻或是疾厄忌入官祿沖夫妻，都會有「瘦」的含意。象義如下：

疾厄忌入夫妻：

A、體質「瘦、弱」。

B、性能力不足，婚姻生活少情趣。

疾厄忌入事業：

A、工作場所小、劣，「環境差」。

B、「職災」、「過勞」。工作常「不稱心」、「不堪負荷」。

C、宜上班安定或從事「技術」、「仲介」、「顧問」等「服務業」。

D、「體型瘦弱」，不容易胖。

(1)、那要「瘦、減重」，不吃飯也是個「辦法」。

那要「瘦、減肥」，不吃飯也是個「辦法」，如同上圖命盤。其「吃飯的習慣」是有可能吃得很飽，也有可能就餓一餐，還有可能就吃個「麵包充飢也可以，我的解讀是：夫妻宮坐巨門祿是「吃飽」，文昌忌是「不吃」，文昌科是「充飢」，還有巨門祿是「不挑嘴」，有的吃就吃，只要能吃的，就不會浪費的。如被人家說：「你真好養。」就回答：

飛星紫微斗數專用盤
廉貞 忌 貪狼
36-45
癸巳 子女宮 43
巨門 祿 忌 文昌 科
26-35
甲午 夫妻宮 44
天相
16-25
乙未 兄弟宮 45
天同 祿 天梁 文曲 科
6-15
丙申 命宮
太陰
46-55
壬辰 財帛宮 42
武曲 七殺
丁酉 父母宮
天府
56-65
辛卯 疾厄宮 41
太陽 權
戊戌 福德宮 36
左輔
66-75
庚寅 遷移宮 40
紫微 破軍
76-85
辛丑 交友宮 39
天機 權 右弼
庚子 官祿宮 38
己亥 田宅宮 37
忌
祿
科
權
權
忌

「只要蘿蔔乾配飯就可以了。」

祿在溫度上也有「半暖不燙」；權是「熱」；科也是溫的；忌是「冷食」，祿是由「冷變熱」；科是由「熱變冷」，但是都屬「溫的」，四化也可以解釋為「溫度」。

夫妻宮坐巨門祿能吃就是「福」的福，那文昌忌是「餓肚子」，食道或是喉嚨好像比較「細一點」，像用吞的就比較不容易「吞下去的」，有忌的話也有會喜歡「冷食的」，像吃飯不用「熱」也可以吃的，飯冷的也可以的。科忌的話，科忌主「糾纏」，所以就用「喝點東西，吃點水果，吃點麵包」充飢即可。慢慢的一點點的充飢，科能「緩忌傷」，科只是把痛苦的時間拉長而已，不那麼「餓」，就是減緩、緩和。

這個只是講「坐星」而已，還沒講「夫妻宮的四化」，那假設巨門祿文昌忌入官祿宮，也可能會有類似的問題，因為沖照夫妻。

(2)、從「吃」中講「祿、權、科、忌」

我們每天都吃飯，但每天吃飯的飛化不見得都一樣，因為每天吃飯的心情、吃的東西也不一樣，巨門、天同也可以是小吃，武曲也可能是小吃（吃素或殺業都可能），廉貞可能是大餐或是重口味。祿、權、科、忌是吃的心情，也可能是味道—鹹、甜、苦、甘，也可能是溫度—冷、熱、冰、溫。

祿是春天，陽氣生，是冬天過後，陽氣轉盛，是冷的變熱，冷的放到溫。

權是夏天，是熱。

科是秋天，陽氣降，是夏天過後，陽氣轉弱，是熱的變冷，熱的放到冷。

忌是冬天，是近乎冷、冰。

所以祿、權、科、忌是吃飯的心情，也可能是吃飯的環境，也可能是吃飯的溫度，也可能是吃飯的內容（冷的—生魚片、沙拉）。

7、能遇「貴夫、貴婦的命理」

(1)、父母宮、官祿宮、子女宮得祿權科，容易有貴夫、貴婦的另一半。（父母是夫妻的田宅；事業是夫妻的遷移；子女是夫妻的兄弟）

(2)、夫妻坐生年祿轉忌入a宮，逢福德、遷移的祿來會，福德、遷移坐生年祿轉忌入a宮，逢夫妻的祿來會。這個也容易有貴夫、貴婦的命格。

兩種是果報，福報跟夫妻有關，最好a宮是「田宅、兄弟、財帛」。交祿在田宅、兄弟、財帛，就會發大財的。

(3)、夫妻坐生年祿，轉忌，逢父母宮、田宅祿來會，這個也容易有「貴夫、貴婦的命格」。也最好交祿在田宅、兄弟、財帛。夫妻坐生年祿，轉忌，逢父母宮的祿來會是臉上有光，容易出嫁風光！

(4)、夫妻跟遷移、福德交祿，交祿的過程有「田宅、兄弟」也很好。比如說遷移祿入田宅，轉忌入命，逢夫妻的祿來會，這樣也是可以「發財的」，因為串連「田宅」。

8、夫妻年紀大小的判斷原則

年紀大小，容易跟「夫妻宮的四化」與「夫妻宮坐的星曜」有關。凡夫妻宮坐「天梁」星或「太陽」、「太陰」、「天機」、「巨門」等星曜化忌，生年忌或命忌、福德忌都可以，婚姻容易「老少配」。但對於大幾歲才算是「大」，男女是有差別的，如下說明：

A、女大於男：是男小於女即可，小一天，也算的。

B、男大於女：是男大於女0-3歲，這個是正常的，不算老少配。

巨門忌、太陰忌，天梁祿都容易相差在0-3歲。天梁祿，很容易差很多歲，至少5歲。雙忌，太陽雙忌、巨門雙忌，或是巨門忌、太陽忌也容易相差很多歲。夫妻坐生年忌，轉甲太陽忌或是轉丁巨門忌也容易相差很多歲。

(1)、年紀大的對象：巨門忌、太陽忌、太陰忌、天機忌、天梁祿。

(2)、年輕的對象：太陰祿、貪狼祿。

(3)、大小通吃：「廉貞祿忌」。

註：老少配是指女大於男，或者也可能是男大於女3歲以上者，都屬於此範圍。因此，論命時有時候需要猜測，但是猜測是有方向的。例如一男命，夫妻坐巨門生年忌，而後轉甲太陽忌。那麼你可以對命主說，「你容易大你配偶很多歲（5歲以上），也容易是你配偶比你大。」這樣用「容易」就比較有彈性，論命更趨於合理，命主也更能接受。反之，論命如果過於斬釘截鐵，不富彈性，那就很容易走進死胡同，讓自己腦筋糾結不清。

9、結婚飛化

(1)、閃婚

A、閃婚通常大概有「夫妻的祿」逢到「福德的忌」，或者福德、夫妻交祿容易遇到滿意的另一半。

B、遷移祿入夫妻的容易「閃電結婚」（遷移的祿會有意外的機會），夫妻祿入遷移是你的另一半容易令人羨慕的。

夫妻跟遷移的祿交會會有以下特點：

A、會閃電結婚。

B、會「遠方的老公、老婆」。

C、不缺異性緣，永遠有備胎的。

(2)、正式婚姻

結婚的話，父母、田宅、夫妻為主，如果有這三個的組合或任兩個的組合，婚姻會比較「長久一點」，化權跟化祿也可以的，權是「積極因」；祿是「圓滿因」。

A、命祿入夫妻，父母化權來會，是「長輩的壓力」，或是公證結婚。

B、或是夫妻化祿入子女逢父母、田宅的權來會，也是類似有家庭長輩的壓力的而結婚的。

當然也有的結婚不一定只跟夫妻、父母、田宅有關，有些是和遷移、福德與夫妻有關。「結婚的理由」千百萬種，還有可能被騙的婚姻，像遷移、交友丁巨門忌入夫妻，這個也可能是被設計的婚姻的，結婚不見得都是「快樂的」。

如果看到「官祿、交友、遷移」是忌入夫妻的，這個就要小心會有第三者介入感情，或是「被騙感情的」情況，尤其是牽扯到「巨門忌」、「廉貞忌」、「貪狼忌」，這個更容易是「被設計」的感情；田宅、父母、夫妻破得很嚴重的話，婚姻就不會太長，或「長但是品質不好」。

夫妻自化科的人，尤其要防和同事、同學、朋友的日子過久了，就成了情感了，可能會有第三者。

(3)、感情複雜

夫妻宮飛出的祿忌，逢到生年忌或是祿，逢到命忌或是命祿，這樣的組合，容易產生感情複雜的情況，劈腿！若遇到廉貞忌、巨門忌的組合，非常容易牽扯到法律的問題，產生官司是非。如果再和婚姻扯在一起，當然婚姻的問題會更複雜。

(4)、感情容易被罵

夫妻忌入交友、父母、子女、遷移，忌入這幾個地方，都容易有「反社會人格的傾向」，不照世俗的眼光去做！(具體請參照(十一)夫妻忌入十二宮的解釋與交忌的運用)

夫妻忌入交友的飛化，容易因為感情被罵：

A、配偶個性「惜情重義」，胳臂往外彎。

B、防刻板「不自在」的婚姻生活。

C、談的感情容易被人罵，容易結交年紀差異大，生活背景差異大。被朋友罵。

D、配偶「干涉」我的交友，婚後「朋友變少」。
E、容易分手之後，就不聯絡了。（沖兄弟）一事無成。

夫妻忌入父母的飛化，感情容易見光死：
A、「同居」無名分。（父母，文書宮）
B、防「離婚」名分消失。
C、夫妻「不同戶籍」。
D、防婚姻「怨形於色」。（父母，形於外的宮位）
E、配偶太過「顧外＜（夫）家」。（沖疾厄，家運位）
F、格局好，配偶「孝順」。或者，配偶喜怒「形於色」。
G、低調的感情上的想法跟做法，可能的表現：
a、感情上是不想曝光的，怕見光死！
b、怕影響到「長輩的心情」，怕影響長輩然後就有長輩的壓力，父母不同意就分手了！

c、另一半是命忌入父母，是孝順的、不苟言笑的、個性直率的！怕帶回家，惹長輩不高興！

d、可能另一半有什麼「見不得人」的事情，所以不想曝光！比如說另一半是一個「有官司、犯罪的」！

e、可能另一半跟命主的背景、條件差太多了，公主跟乞丐，門戶不對！

f、可能另一半跟命主不想去或是無法去「登記」，成為「有名無分的夫婦關係」！

另外夫妻忌入父母，感情上的事容易一團混亂，臉皮不厚外，還有以下象義：

a、在辦婚宴的時候，也是「使不上力，或是不想使力」。

b、感情的過程中容易「沒有理智」。

c、感情上的事容易「一團混亂」。

d、遇到異性會害羞的。

e、如果臉皮很厚的話，就容易有點「沒有道德感」！比如說：愛上不該愛的人，或是一馬多鞍、一鞍多馬，感情很復雜。

夫妻忌入子女的飛化，感情容易不穩：

A、配偶疼子。

B、感情容易讓你待不住家，配偶容易在家待不住（沖田宅，為家）。

C、配偶不容易存錢（沖田宅，為財庫）。

D、感情也容易不穩，也容易有婚外情破壞了原本婚姻（子女桃花位，沖田宅，家）

夫妻忌入遷移的飛化，感情容易被外界所批評：

A、「配偶耿直」有餘、「不善營造」氣氛、「少了情趣」。「平淡無趣」的婚姻。

B、己身異性緣非佳，也「不善表達」感情。（遷移，交際位）

C、防婚姻的「貌合神離」或夫妻間產生了「離心力」，各懷異志的「情義盡失」。

D、勿賭、投機。

E、感情世容易界被外界所批評。你選擇另一半的條件很奇怪，容易被罵。選到的另一半，常常是個很有問題的人物。（遷移，廣大社會位）

F、感情總在「吵吵鬧鬧之中」或是很多讓你「灰頭土臉」的情況之下，才會「消失」（忌出）！（遷移，形於外的宮位）

(5)、上門女婿

父母壬武曲忌入夫妻，逢夫妻己武曲自化祿，父母劫夫妻的自化祿，視夫妻雙忌，父母雙祿，再逢財帛己武曲祿，那婚姻對待關係就是有問題的。容易被「長輩抓到另一半」，像是把女婿抓住了。

同理。田宅忌入夫妻，逢夫妻自化祿，也是有「類似的情況」。

(6)、花癡

A、夫妻自化祿，花癡、多情、容易動心、天真、意亂情迷。

B、命跟福德交廉貞祿忌在夫妻，很容易有幻想，花癡一點。

C、廉貞忌入福德，也很容易幻想感情的。

(7)、夫妻生年祿和事業生年祿的區別

如果夫妻有生年祿，令異性沒來由的喜歡，不主動接近異性，就能得到異性的吸引，如果夫妻和遷移交祿，既會討好異性又得異性喜歡。生年祿入夫妻的人，異性看到他，就會產生生年祿入命的個性，業力讓異性對你微笑，所以異性對他不會計較，一見就有好心情，即使出軌，也會原諒他，比較開朗，寬宏大量。如果夫妻宮有忌的，出軌的話，就吃不完兜著走，絕對不會被原諒的。

夫妻是指感情，還有肉體的問題或是精神上的問題。子女是性慾沒說跟誰，疾厄是肉體的反應，福德是精神的反應，還有可能自己沒反應，被壞朋友帶去酒店，也可能被設計，所以會不會劈腿，不是只看夫妻宮。

夫妻宮是事業的遷移宮，工作的表現位，比如事業宮有祿，是說工作容易順心，夫妻宮有祿，是說工作表現好。那工作順手順心當然比不上工作表現好。

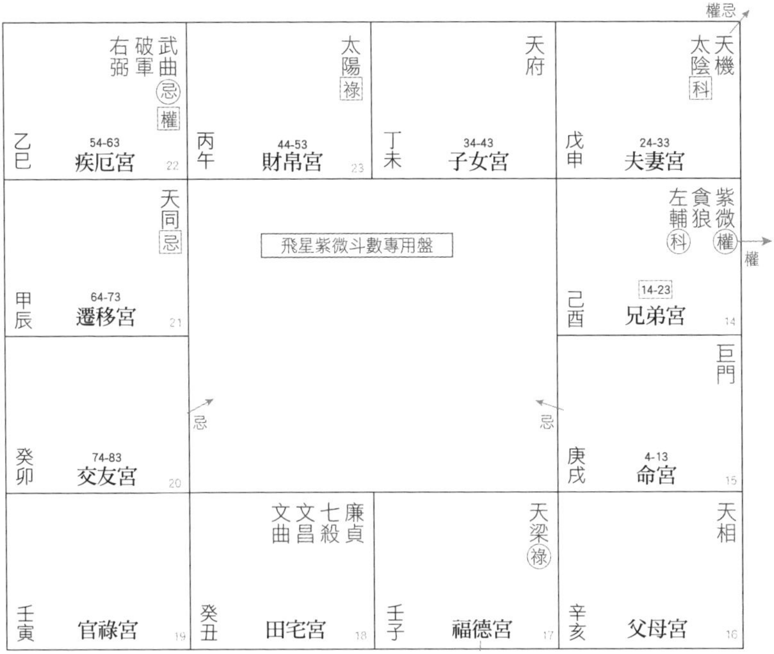
飛星紫微斗數專用盤
武曲 忌 權
破軍
右弼
乙巳 54-63 疾厄宮 22
太陽 祿
丙午 44-53 財帛宮 23
天府
丁未 34-43 子女宮
天機
太陰 科
戊申 24-33 夫妻宮
權忌
天同 忌
甲辰 64-73 遷移宮 21
紫微 權
貪狼
左輔 科
權
己酉 14-23 兄弟宮 14
巨門
忌
忌
癸卯 74-83 交友宮 20
庚戌 4-13 命宮 15
壬寅 官祿宮 19
廉貞
七殺
文昌
文曲
癸丑 田宅宮 18
天梁 祿
壬子 福德宮 17
天相
辛亥 父母宮 16

(8)、舊愛、新歡

像夫妻宮有生年忌，感情方面容易「守成」，舊愛比新歡吃香。如果夫妻宮坐生年貪狼忌或廉貞忌，則另一半愛吃醋，或為我欠桃花債，隱喻一個老婆就夠多啦，拈花惹草只會引火焚身。

像夫妻宮有生年祿，容易異性緣好，舊愛比不上新歡，容易新人笑、舊人哭。以下列出實際論舊愛、新歡的教學過程。

學生A：命主跟舊愛在談復合，如果復合，會結婚嗎？夫妻有自化權和自化忌怎麼解析？

周星飛：為何會「復合」？是命太陰科入夫妻，感情上會「拖拖拉拉的」。但是也還有一個自化權，感情上也好像會「很強勢」。還一個自化忌，感情上也會「反反覆覆」。

學生A：反覆，已經在反覆了，確實中間夾著一個，男的兩個都不想放棄。一個是母親看重的，這個是自己談的。

周星飛：因為「生年忌」也帶到夫妻宮了（生年壬武曲忌入疾厄宮，轉乙太陰忌入夫妻宮），所以也會有「重感情」的個性，還有單一之象，對感情有責任感。像夫妻宮有生年忌容易「守成」，舊愛比新歡吃香。夫妻宮有祿，容易異性緣好，舊愛比不上新歡，容易新人笑、舊人哭。

學生A：盤主是女的，確實重感情，不捨得放棄。那拖拉之後，可以結婚嗎？

周星飛：看祿，看什麼跟夫妻交祿。此命盤遷移宮甲廉貞祿入田宅，轉癸貪狼忌入兄弟，逢夫妻宮戊貪狼來會。遷移宮和夫妻宮，交雙祿在兄弟宮。交祿之後，馬上再以己文曲忌入田宅。這個更確定會嫁入豪門的。所以你只要跟她說，選那個最有錢的就對了，其

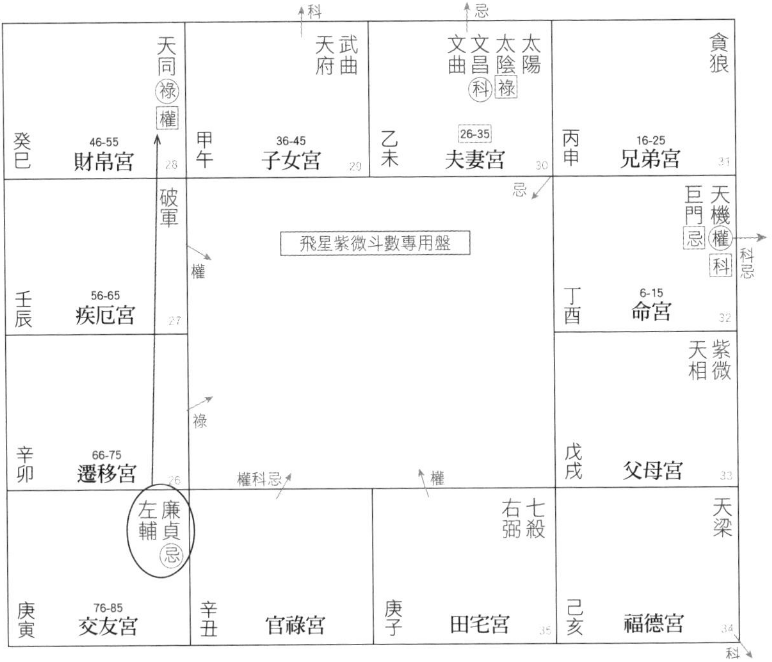
飛星紫微斗數專用盤
天同 祿 權
癸巳 46-55 財帛宮 28
武曲 天府
甲午 36-45 子女宮 29
太陽 太陰 文昌 文曲 祿 科
乙未 26-35 夫妻宮 30
貪狼
丙申 16-25 兄弟宮 31
破軍
壬辰 56-65 疾厄宮 27
天機 巨門 權 忌 科
丁酉 6-15 命宮 32
紫微 天相
辛卯 66-75 遷移宮 26
戊戌 父母宮 33
廉貞 左輔 忌
庚寅 76-85 交友宮
辛丑 官祿宮
七殺 右弼
庚子 田宅宮 35
天梁
己亥 福德宮 34
科
忌
權
祿
權科忌
權
科忌

他都別考慮。所以2014年流年命宮踏財帛，遷移是「流年夫妻」就有「結婚的機會了」。

9、「丟東西」與「少小限」的概念

學生A：老師，丟東西了，看能不能找回來命盤怎麼看。比如被偷東西報警了，看能否找回來。

周星飛：可能要看「父母、遷移」之類的祿。比如說丟掉東西，也可能是「遷移、父母的忌」，是一種「沒理智」的情況。「財帛跟遷移」交忌，就「頭腦不清，會損財」，或是意外處理不好就損財，父母與遷移都是「智慧」。如果是這個被交友的忌劫了，這個就可能有「一再損失之象」。

周星飛：生年丙天同祿入財帛，就是「有點錢」，被偷走報警則可能跟「命丁天同權入財帛」有關，權忌「相爭」（交友宮庚天同忌入財帛，逢命天同權），但是最後是癸貪狼忌入兄弟又跟交友的生年丙廉貞忌對沖，報警啊，人家來劫你「權」，如果沒有權去擋的話，就會「摸摸鼻子」，丟了就丟了，反正口袋有錢，再買一個就是了。

學生A：權代表著突破、主見、能力。

周星飛：但是交友的生年丙廉貞忌，是代表「這個人很兇狠的」，看準了財帛的丙天同祿而來的。

學生A：那如果要是能找回來的話，是不是會有交祿這樣的事情。

周星飛：能找回來比較像「遷移的祿來會」，像這個再轉癸貪狼忌入兄弟又跟交友的忌對沖了，損失就大了。而且交友的生年丙廉貞忌，是說這個人重情義，如果抓到了也會原諒別人的，可能對方不用賠或是會算了。還有父母戊貪狼祿入兄弟，我看啊，可能損失一支了，父母又給錢去買了或是又去買一支新貨了。父母也是「理智、長相、處理的智慧」，想開點就好了。因為「有權」就會積極的，不過最後還是損失的。抓到又如何？交友三方有忌的，都是「為人付出的」，被偷也會算了。

周星飛：那這個人夫妻宮有多忌，小時候是不是父母帶大的？還是一半父母，一半不是父母帶大的？

學生A：一半父母，一半不是父母帶大的這種。

周星飛：因為又有命祿，也有「多忌」，然後又自化忌，所以「情況」會多變。

五、疾病的看法跟練習

關於各星性所代表的疾病，可以參考前面章節《星曜釋義》—「專論疾病」。天干可以論病，地支也一樣可以論病，這個章節特別重要。

1、配人體對應圖

午是頭，正南、陽氣重；子是人下陰，正北、陰氣重。想像把命盤貼在一個人的胸部，就知道命盤與人體對應關係。詳細如下圖整理：

2、「星性跟藥、病」在命理上的表現

(1)、巨門：西藥，治痛的！消化的！

(2)、天梁：高級中藥、生物高級藥。（冬草夏草膠丸、很貴的）

命盤與人體對應圖

忌
祿
廉貞 忌 貪狼
癸巳 36-45 子女宮
巨門 祿 文昌 忌 科
午為頭
甲午 26-35 夫妻宮
天相
乙未 16-25 兄弟宮
天同 天梁 文曲 科
丙申 6-15 命宮
科
太陰
壬辰 46-55 財帛宮
武曲 七殺
丁酉 父母宮
天府
辛卯 疾厄宮
太陽 權
權
權
戊戌 福德宮
忌
左輔
庚寅 遷移宮
紫微 破軍
辛丑 交友宮
天機 權 右弼
子為北方水
子為人下陰
庚子 官祿宮
己亥 田宅宮

(3)、貪狼：中草藥。補「骨」脊椎。（貪狼是甲木、天機是乙木，都是「木類」）

(4)、廉貞：「媚藥」、增強性慾的藥。（可能也有「消炎的藥」、很貴的藥）

(5)、武曲：補「骨」、肺氣。

午為頭

巳右肩 未左肩

辰右臂 申左臂

卯右腰 酉左腰

寅右大腿 戌左大腿

丑右小腿 亥左小腰

子為人下陰

(6)、天同：內分泌、鼻藥。耳鼻喉！肚子痛！治消化的！

(7)、太陰：皮膚、荷爾蒙。眼睛！（日、月，也代表眼睛）

(8)、天機：腦神經、關節。也有補骨的。（貪狼是甲木、天機是乙木都是「木類」）

(9)、太陽：治心臟、頭痛、眼睛！（日、月，也代表眼睛）

(10)、文昌、文曲：神經系統的藥！會治抽痛的。

3、實際論疾病

周星飛：看生年忌在哪，這個位置就容易有病。子位，所以你的屁股容易痛。武曲也是有「雙忌」，所以右邊的「武曲」（骨頭）可能也會痛。再轉癸貪狼忌入夫妻，還是有「三忌」，所以你就容易有「武曲、巨門、貪狼」相關的問題，看起來就是「骨盆、脊椎、腰脊」容易痛。

學生Ａ：對，腰椎不好，脊椎也不好。

周星飛：還有大腿骨輪容易滑脫，走路好像就卡卡的，像二郎腿或是打坐盤腿。

學生Ａ：反正我走路總覺得腿骨怪怪的，說不上來的感覺。

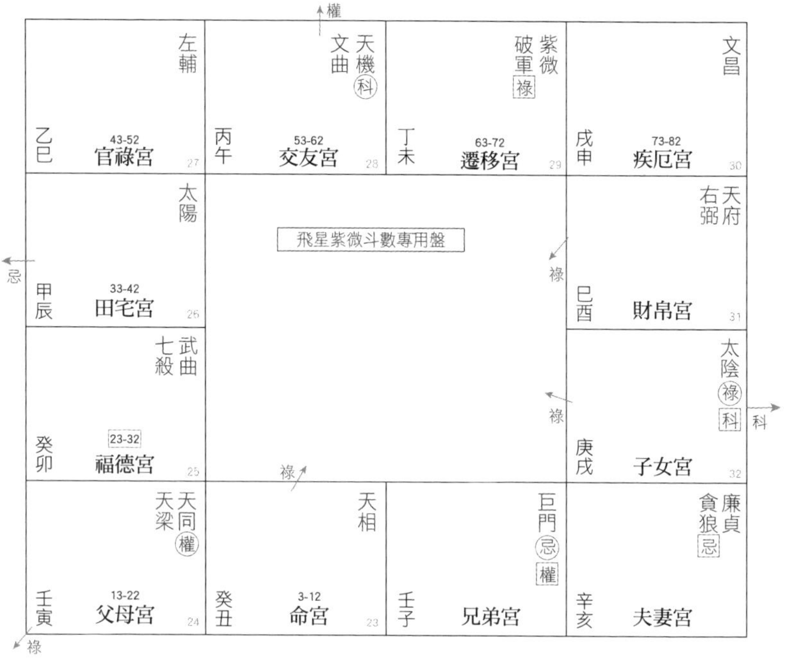
飛星紫微斗數專用盤
左輔
乙巳 43-52 官祿宮 27
天機 科 文曲
丙午 53-62 交友宮 28
權
紫微 破軍 祿
丁未 63-72 遷移宮 29
文昌
戊申 73-82 疾厄宮 30
太陽
甲辰 33-42 田宅宮 26
忌
天府 右弼
己酉 財帛宮 31
祿
武曲 七殺
癸卯 23-32 福德宮 25
太陰 祿 科
庚戌 子女宮 32
祿
科
天同 權 天梁
壬寅 13-22 父母宮 24
祿
天相
癸丑 3-12 命宮 23
祿
巨門 忌 權
壬子 兄弟宮
廉貞 貪狼 忌
辛亥 夫妻宮

周星飛：都容易大骨輪會滑脫的。還有像巨門忌會跟天機忌、文曲忌對沖。天機也是脊椎，所以你的「頸椎」也是彎的、歪的。

學生A：嗯，頸椎是彎的，頸椎弄不好就痛。

周星飛：所以只要看「那個星」忌多，還有那個宮位的星「忌多」，都是病。

學生A：嗯，理解。巨門、武曲、貪狼忌、天機也屬於頸椎。

周星飛：天機、貪狼忌都是「脊椎類

的」。同類的病，比如說巨門忌、廉貞忌也是「發炎、腫」，兩個也是同類的病。比如說太陽、太陰也是眼睛，也是同類的病。

學生Ａ：貪狼也屬於腿嗎？

周星飛：是。貪狼、武曲也是「骨頭」。

學生Ａ：天機、貪狼一類，巨門、廉貞一類，太陽、太陰一類。嗯，貪狼、武曲是骨頭一類。

周星飛：文曲、文昌也是同一類「神經」。天同、巨門也是主「消化」。文曲、文昌都是「管狀類」。文昌像氣管，文曲像「大腸」、輸尿管之類的，帶「水的」。

學生Ａ：文昌是氣管，文曲是大腸、輸尿管，懂了。

周星飛：文昌忌是「抽痛」，巨門忌是「隱痛」。

學生Ａ：理解。巨門是暗星，所以隱痛。

例題1

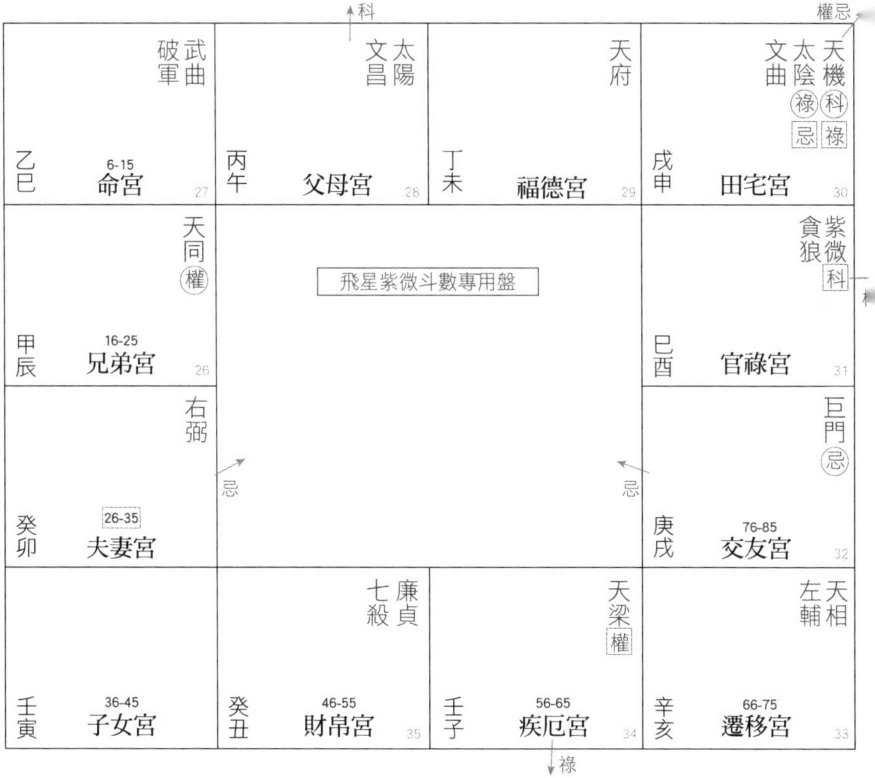
飛星紫微斗數專用盤
科
權忌
武曲 破軍
乙巳 6-15 命宮 27
太陽 文昌
丙午 父母宮 28
天府
丁未 福德宮 29
天機 科 祿 太陰 祿 忌 文曲
戊申 田宅宮 30
天同 權
甲辰 16-25 兄弟宮 26
紫微 科 貪狼
己酉 官祿宮 31
右弼
忌
癸卯 26-35 夫妻宮
巨門 忌
忌
庚戌 76-85 交友宮 32
壬寅 36-45 子女宮
廉貞 七殺
癸丑 46-55 財帛宮 35
天梁 權
壬子 56-65 疾厄宮 34
祿
天相 左輔
辛亥 66-75 遷移宮 33

看生年丁（1）忌，有一個忌。最少還有「一個宮位」會化（2），所以，巨門忌最少「兩個」。有的人是丙丁丙丁的（即在子、丑、寅、卯這四個位置，有兩組相同的天干），那就有「三個忌」了。（3）忌的病，老是「隱痛」，要吃藥，檢查不出來。痛在（4），再轉（5），也會影響到（6），（7）星也是消化、水腫。所以容易有病在「人的胸腹部」，算「中間」，有一點「左下、右上」這一線。

兄弟宮再（8），遷移宮再（9），這個午位，也是有問題。容易有（10）等部位的毛病。因為兄弟、遷移所化之忌會沖（11）。（12）是「體質、身體氣位數的宮位」，所以中氣有時候不足。（13）是支氣管。兄弟宮有（14）也是有「十足的中氣」，就能抵擋痛。

多忌入父母，沖疾厄。文昌忌，兄弟宮在午位，在頭部，眼睛不好，但是忍耐得過去的，所以「宮宮皆是健康」。疾厄宮、子女宮以（15），轉（16）。夫妻宮、財帛宮（17），轉（18）。你的疾厄會扯上（19）。那（20）主骨，所以你也容易在「右上肩」，右上的脊椎出問題，武曲在巳。也可能兩邊肩膀都容易有問題。多忌的地方在「右肩」。多忌在這二宮「申、酉」，左邊肩最容易有問題，但是「武曲忌」在「右肩」，也是會有問題的。

所以兩邊都容易有問題的，只是左邊的「忌更多」，更容易有問題。

所以上面的斷病法，可以去練手看看。宮宮都是「病」。最偷懶的，就是看「星」，愈多的地方，就是了。尤其是生年忌的地方。「星」愈多，忌越多。

答案1

1、巨門

2、丁巨門忌

3、巨門

4、左手邊

5、庚天同忌入兄弟

6、右手邊

7、天同

8、甲太陽忌入父母

9、辛文昌忌入父母

10、眼睛、心臟
11、疾厄
12、兄弟
13、文昌
14、權
15、壬武曲忌入命
16、乙太陰忌入田宅
17、癸貪狼忌入官祿
18、己文曲忌入田宅
19、武曲忌、太陰忌、文曲忌、貪狼忌
20、武曲、貪狼

例題2

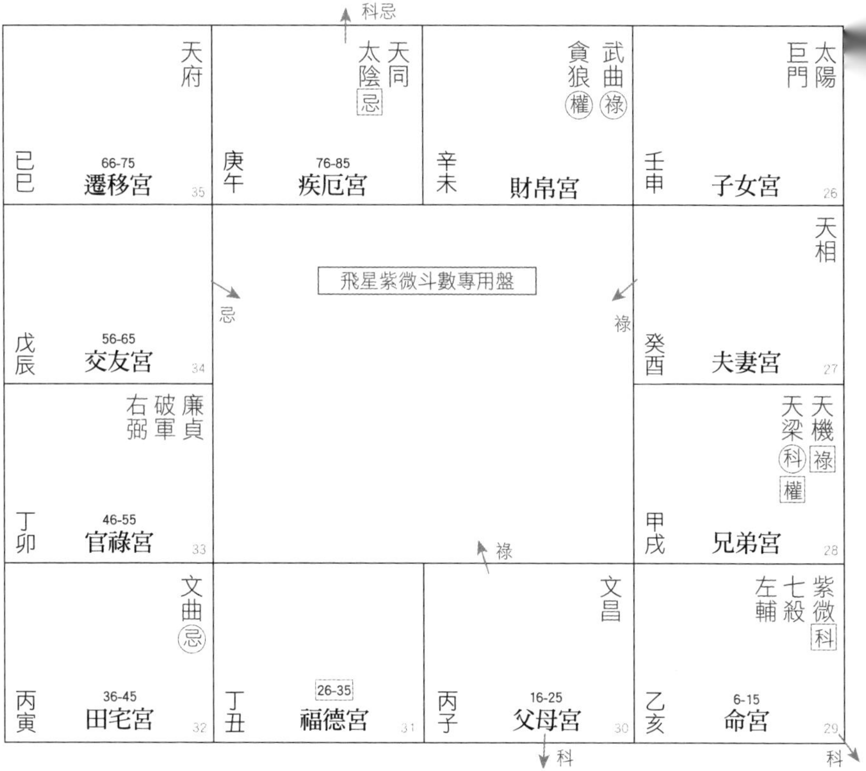
科忌
天府
巳巳 66-75 遷移宮 35
天同 太陰 忌
庚午 76-85 疾厄宮
武曲 祿 貪狼 權
辛未 財帛宮
太陽 巨門
壬申 子女宮 26
戊辰 56-65 交友宮 34
天相
癸酉 夫妻宮 27
飛星紫微斗數專用盤
忌
祿
祿
廉貞 破軍 右弼
丁卯 46-55 官祿宮 33
天機 祿 天梁 科 權
甲戌 兄弟宮 28
文曲 忌
丙寅 36-45 田宅宮 32
丁丑 26-35 福德宮 31
文昌
丙子 16-25 父母宮 30
紫微 科 七殺 左輔
乙亥 6-15 命宮 29
科
科

福德宮（1）子女宮，官祿宮（2）子女宮。福德化出（3）忌，還扯上（4）忌、（5）忌、（6）忌之類的，這個也有憂鬱症。（7）是暗曜，感情上有幻想之類的「精神狀況」，而且子女宮再轉（8）財帛宮，又跟（9）交忌在財帛宮。福德跟夫妻交忌，所以感情上也很挑剔。還有（10）忌也帶入子女宮了，跟（11）忌交忌在一起了。健康上，子女宮扯上（10）忌、（11）忌，對宮坐生年己文曲忌。所以容易有婦科長腫瘤的問題，也有痔瘡的問題。（12）生年忌在「寅」，所以這個子宮腫瘤容易發於（13）。

答案2

1、丁巨門忌入
2、丁巨門忌入
3、巨門
4、廉貞
5、太陽

6、文曲
7、巨門
8、壬武曲忌入
9、夫妻宮癸貪狼忌
10、廉貞
11、巨門
12、文曲
13、右下邊腹部

例題3

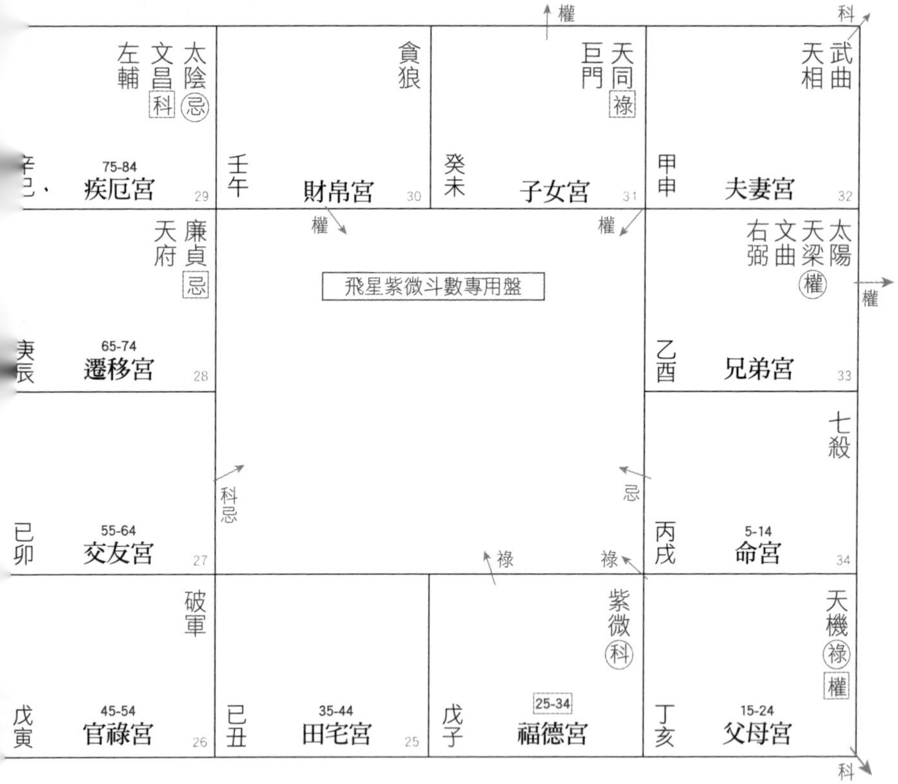

太陰 忌 文昌 科 左輔
辛巳 75-84 疾厄宮 29
貪狼
壬午 財帛宮 30
天同 祿 巨門
癸未 子女宮 31
武曲 天相
甲申 夫妻宮 32
廉貞 忌 天府
庚辰 65-74 遷移宮 28
飛星紫微斗數專用盤
太陽 天梁 權 文曲 右弼
乙酉 兄弟宮 33
己卯 55-64 交友宮 27
七殺
丙戌 5-14 命宮 34
破軍
戊寅 45-54 官祿宮 26
己丑 35-44 田宅宮 25
紫微 科
戊子 25-34 福德宮
天機 祿 權
丁亥 15-24 父母宮
權
科
權
權
權
科 忌
忌
祿
祿
科

命宮丙廉貞忌入遷移宮，這個有（1）的個性。再轉（2），又逢（3）子女宮，也是容易「感情上吃虧的」（桃花星見廉貞忌＝感情比較呆）。以健康方面來思考，像（4）忌，扯上子女宮了，容易有「婦科的問題」。轉庚天同忌入子女，又跟（5）忌也扯上關係，也容易「有腫瘤的」。所以可以問一下，是不是婦科上有腫瘤、隱痛之事？有可能2012年龍年。就流年命宮，庚天同忌入子女，串連（6）忌，也容易「開刀的」，剖腹生小孩。

以我論命習慣，在看忌的方面，通常就會「一起看」。比如說，剛才說的遷移宮坐命丙廉貞忌之後，轉庚天同忌入子女，再看到旁邊的「巨門」，就「順便」把巨門忌也帶出來一起論。這個是中醫的範圍，也可以多研究。我覺得是有利於「斷病的」，畢竟如果可以把命理應用在生活上，斷病，就可以「預防」。生病的時候，就可以「對症下藥」。

答案3

1、直率、呆板

2、庚天同忌入子女

3、命丙天同祿入

4、廉貞

5、巨門

6、廉貞

看病絕學：天干、地支，一樣都可以致病的！

在「命盤與方位圖」中，十二地支在飛星盤上的位置是固定的。十二地支不僅與十二宮相配，與十二個月、十二個時辰、十二經絡相配，還與四個方向、四個季節相對應的。

一、十二地支與一年十二個月在「命盤與方位圖」上相對應。

命盤與方位圖

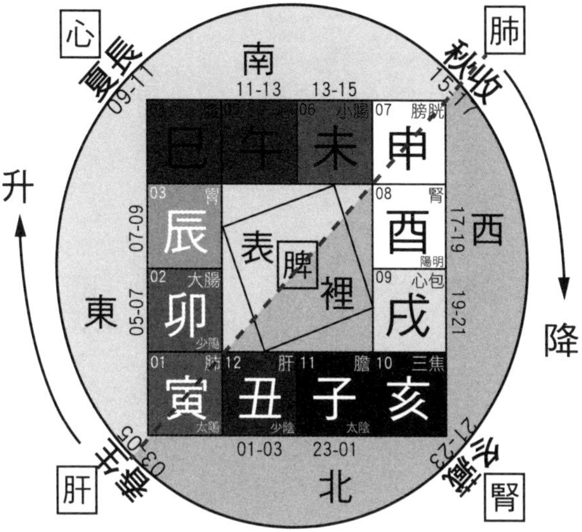
心
夏長
肺
秋收
南
11-13
13-15
09-11
15-17
06 小腸
07 膀胱
巳
午
未
申
升
03 胃
08 腎
辰
酉
西
07-09
17-19
表
脾
裡
陽明
02 大腸
09 心包
東
卯
戌
05-07
19-21
少陽
降
01 肺
12 肝
11 膽
10 三焦
寅
丑
子
亥
太陽
少陰
太陰
01-03
23-01
03-05
21-23
肝
春生
北
冬藏
腎

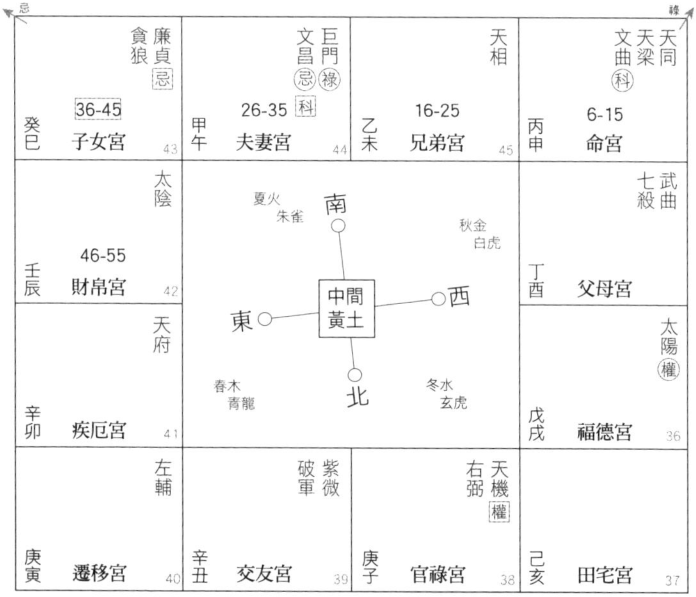
忌
祿
廉貞 忌
貪狼
36-45
癸巳
子女宮
43
巨門 祿
文昌 忌
26-35 科
甲午
夫妻宮
44
天相
16-25
乙未
兄弟宮
45
天同
天梁
文曲 科
6-15
丙申
命宮
太陰
46-55
壬辰
財帛宮
42
武曲
七殺
丁酉
父母宮
夏火
朱雀
南
秋金
白虎
中間
黃土
東
西
春木
青龍
北
冬水
玄虎
天府
辛卯
疾厄宮
41
太陽
權
戊戌
福德宮
36
左輔
庚寅
遷移宮
40
紫微
破軍
辛丑
交友宮
39
天機
權
右弼
庚子
官祿宮
38
己亥
田宅宮
37

「寅」宮是一月，「卯」宮是二月，「辰」宮是三月，「巳」宮是四月，「午」宮是五月，「未」宮是六月，「申」宮是七月，「酉」宮是八月，「戌」宮是九月，「亥」宮是十月，「子」宮是十一月，「丑」宮是十二月。

寅、卯是「綠色」，屬木，東方，春天；

辰是「黃綠色」，「春夏交接之位」；

巳、午是「紅色」，屬火，南方，夏天；

未是「橘紅色」，「夏秋交替位」；

申、酉是「白色」，屬金，西方，秋天；

戌是「淡黃色」，「秋冬交替位」；

亥、子是「黑色」，屬水，北方，冬天；

丑是「深綠色」，「冬春交替位」。

二、十二地支與時辰、經絡的相對應。

例如，丑時—少陰—肝經—（01-03時），子時—太陰—膽經—（11-01時）…以此類推。

命盤與方位圖

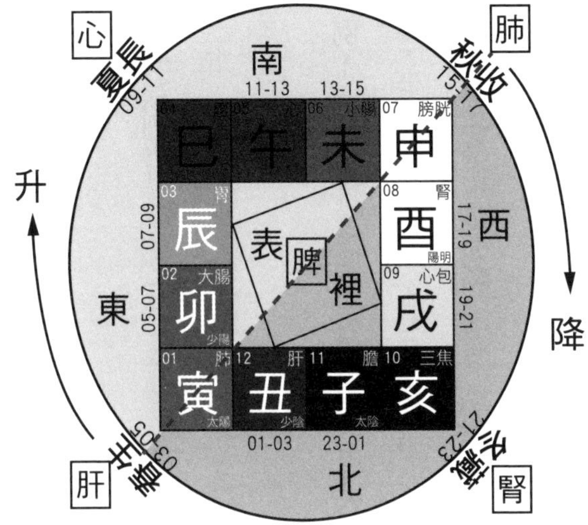
心
夏長
09-11
南
11-13
13-15
肺
秋收
15-17
巳
午
未
06 小腸
07 膀胱
申
升
03 胃
辰
07-09
表
脾
裡
08 腎
酉
陽明
17-19
西
02 大腸
卯
少陽
05-07
東
09 心包
戌
19-21
降
01 肺
寅
太陽
12 肝
丑
少陰
11 膽
子
太陰
10 三焦
亥
01-03
23-01
北
肝
春生
03-05
腎
冬藏
21-23

看「命盤與方位圖」：

春生是「肝」，是升。升是指「陽氣上升」，愈來愈熱。

秋收是「肺」是降。降是指「陽氣下降」，愈來愈冷。

中央屬「脾」，屬黃色。

學習用「命盤與方位圖」看命盤，很多事都可以找到答案的，例如看疾病。

三、用「命盤與方位圖」看疾病

梁派飛星紫微斗數講疾病從兩方面入手，一是用天干，一是用地支。

1、天干就是所謂的「天干化氣」，

比如說貪狼忌、天機忌，容易主脊椎、骨頭、關節的問題。

2、地支看病，請以「命盤與方點陣圖」為參考（上圖）。

以子時為例，子時（11-01 時）走膽經，如果多忌在「子」，就可能發生「膽經有關的病」。

以丑時為例，丑時（01-03 時）走肝經，如果多忌在「丑」，就可能得跟肝經有關的病。

以天干、地支看病，符合「天、地、人」的關係，有天的影響（天干），有地的影響（地支）。

【例 1】以左頁這個命盤為例，用天干、地支看病：

命主，生年丁巨門忌入夫妻宮「丙午」：

1、巨門忌表示莫名的病痛、腫瘤之類的，這個是「星性」，天干化氣所致。

2、從地支看「午」是心經，也可能心經不通。

夫妻宮轉丙廉貞忌入子女宮「乙巳」：

廉貞 貪狼 祿 文曲
乙巳 35-44 子女宮 27
巨門 忌
丙午 25-34 夫妻宮 28
天相
丁未 15-24 兄弟宮 29
天同 權 天梁
戊申 5-14 命宮 30
太陰 祿 權
甲辰 45-54 財帛宮 26
飛星紫微斗數專用盤
姓名：
陽曆：1987年9月26日2時
陰曆：丁卯年八月初四日丑時
性別：陰男
生肖：兔
局數：土五局
2014年 虛歲：28歲
權
忌
祿
科
科
武曲 七殺 文昌
己酉 父母宮 31
祿
天府 右弼 科
癸卯 55-64 疾厄宮 25
太陽
庚戌 福德宮 32
祿
壬寅 65-74 遷移宮
紫薇 破軍
癸丑 75-84 交友宮
祿
天機 科 忌
壬子 官祿宮 34
左輔
辛亥 田宅宮 33

1、廉貞忌，屬「陰火」。

2.、「巳」影響「脾經」。

命主回應：確有心律不齊、消化不好的症狀。

大家都講天、地、人，很少人講到「地」也可以致病的，我也是偶然所得，發現十二地支的病是這樣子看的。

我們還以此盤為例，命主是個厲害的風水師，佈了個催丁局，以命盤看，田宅辛巨門祿入夫妻，可能是生男，還可能是「家族裡過世的人」轉世到你家的。再轉丙廉貞忌入子女，逢財帛甲廉貞祿來會，這個孩子還能帶來錢財，旺家之象。

命主正在辦理二胎准生證，問什麼時候能辦下來？以命盤看，子女宮乙天機祿入官祿宮，再轉壬武曲忌入父母宮，逢武曲自化祿。踏夫妻宮那個月去辦的准生證，所以原則上就是父母宮那個月或是到田宅那個月就可以辦下來了，自化祿會產生「變數」，不過還是會辦下來的，這個證大概3-5個月就辦得下來了。

【例2】以左頁的命盤為例，用天干、地支看病：

1、生年辛文昌忌入夫妻宮「甲午」，配合「命盤與方點陣圖」來看，心經有點問題。

2、再轉甲太陽忌入福德宮「戊戌」，也會影響「心包經」。

比如說命主下個大限，財帛宮是壬武曲忌入父母宮：

1、命主的「左肩」容易有問題。

2、跟地支一配合可能跟「腎」有問題。

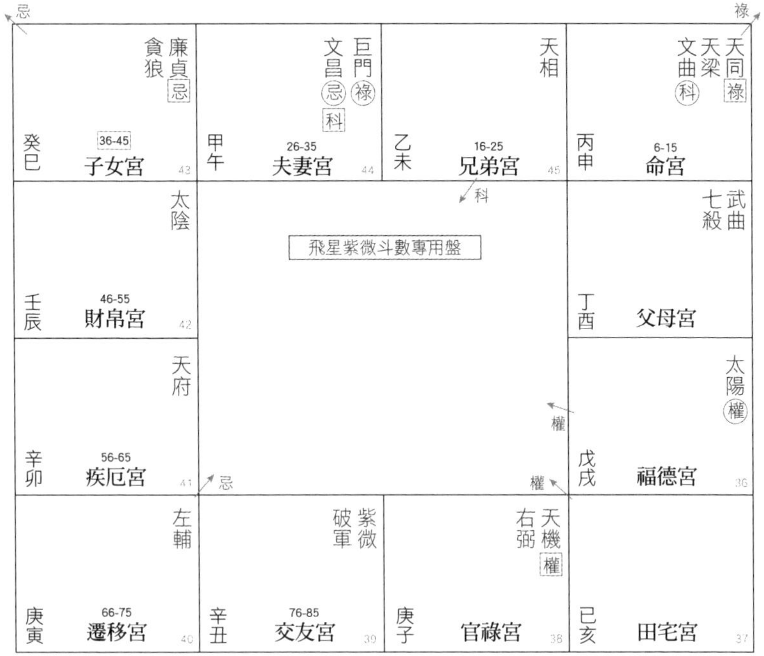
飛星紫微斗數專用盤
廉貞 忌 貪狼
癸巳 36-45 子女宮 43
巨門 祿 文昌 忌 科
甲午 26-35 夫妻宮 44
天相
乙未 16-25 兄弟宮 45
天同 祿 天梁 文曲 科
丙申 6-15 命宮
太陰
壬辰 46-55 財帛宮 42
武曲 七殺
丁酉 父母宮
天府
辛卯 56-65 疾厄宮 41
太陽 權
戊戌 福德宮 36
左輔
庚寅 66-75 遷移宮 40
紫微 破軍
辛丑 76-85 交友宮 39
天機 權 右弼
庚子 官祿宮 38
己亥 田宅宮 37
忌
祿
科
權
忌
權

3、再轉丁巨門忌入夫妻宮，跟原來的生年辛文昌忌交忌，就可能會引發「心經」的問題。可能心火變大了，當然也可能「心火變小了」，因為「忌」是要縮小的，多忌也可能變成「心律不整」。

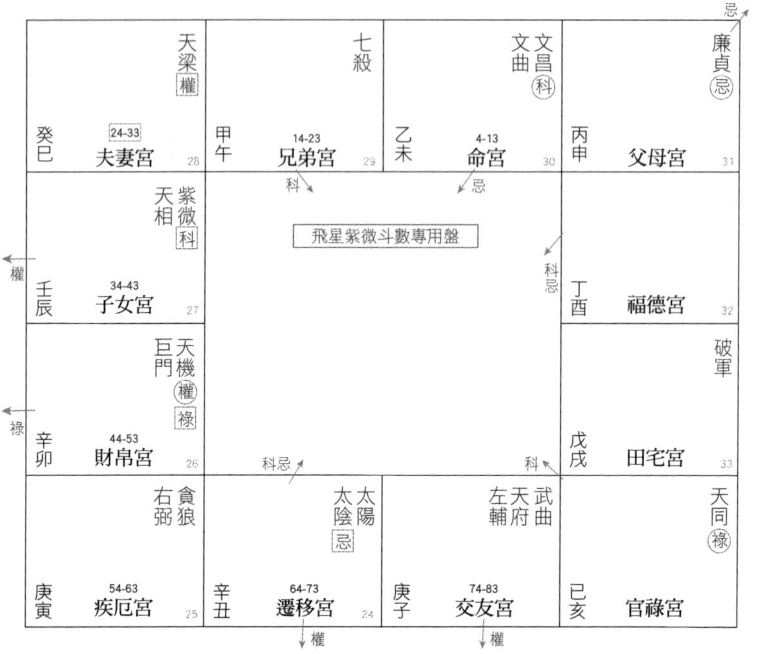

天梁 權
癸巳 24-33 夫妻宮 28
七殺
甲午 14-23 兄弟宮 29
文昌 科 文曲
乙未 4-13 命宮 30
廉貞 忌
丙申 父母宮 31
紫微 科 天相
壬辰 34-43 子女宮 27
飛星紫微斗數專用盤
丁酉 福德宮 32
天機 權 祿 巨門
辛卯 44-53 財帛宮 26
破軍
戊戌 田宅宮 33
貪狼 右弼
庚寅 54-63 疾厄宮 25
太陽 忌 太陰
辛丑 64-73 遷移宮 24
武曲 天府 左輔
庚子 74-83 交友宮
天同 祿
己亥 官祿宮
科
忌
科忌
科忌
科
權
祿
權
權
忌

【**例3**】以上面這個命盤為例，用天干、地支看病：

1、兄弟宮甲太陽忌入遷移宮「辛丑」，是肝。

2、再轉辛文昌忌入命宮「乙未」，是小腸。

這個是流年命宮的忌）流年踏兄弟宮），也會有影響的。

看病：

1、以天干來說：串連太陽忌、文昌忌，從星性考慮。

2、以地支來說，是「丑」。

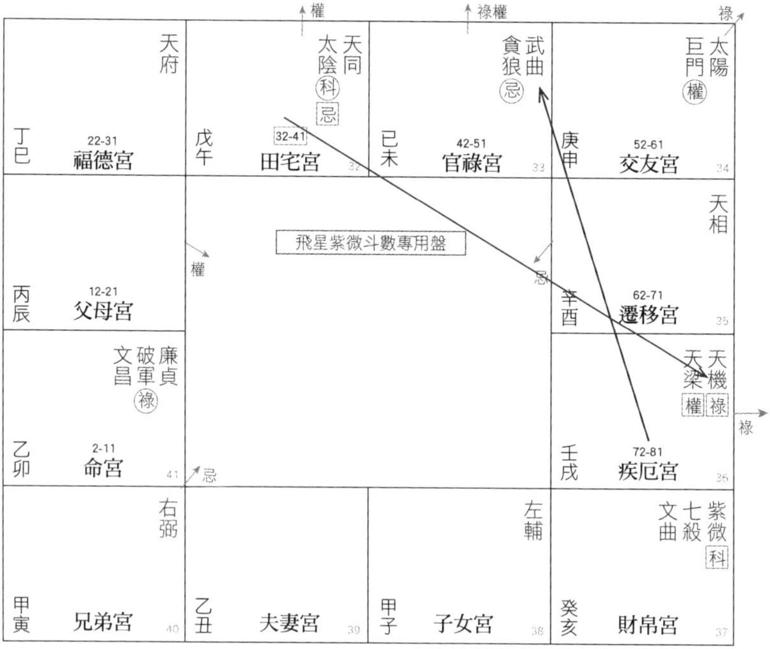
飛星紫微斗數專用盤
天府
丁巳 22-31 福德宮
天同 太陰 科 忌
戊午 32-41 田宅宮
武曲 貪狼 忌
己未 42-51 官祿宮
太陽 巨門 權
庚申 52-61 交友宮
天相
辛酉 62-71 遷移宮
天機 天梁 祿 權
壬戌 72-81 疾厄宮
紫微 七殺 文曲 科
癸亥 財帛宮
左輔
甲子 子女宮
乙丑 夫妻宮
右弼
甲寅 兄弟宮
廉貞 破軍 文昌 祿
乙卯 2-11 命宮
丙辰 12-21 父母宮
權
祿權
祿
忌

【例4】上面這個命盤，流年踏田宅宮，命主骨頭痛。

田宅宮戊天機忌入疾厄，再轉壬武曲忌入官祿宮，逢生年癸貪狼忌，看病：

1、以天干來說：是天機忌、武曲忌、貪狼忌。位置在「左肩」。

2、以地支來說：是心包經（戌）跟小腸經（未）。

忌轉忌遇到生年忌，保證事情變得很麻煩，會「引動」引爆，連環爆，像網遊一樣有「連打」combo。這麼多忌，其實左肩會痛了。但是逢到一個「武曲

命盤與人體對應圖

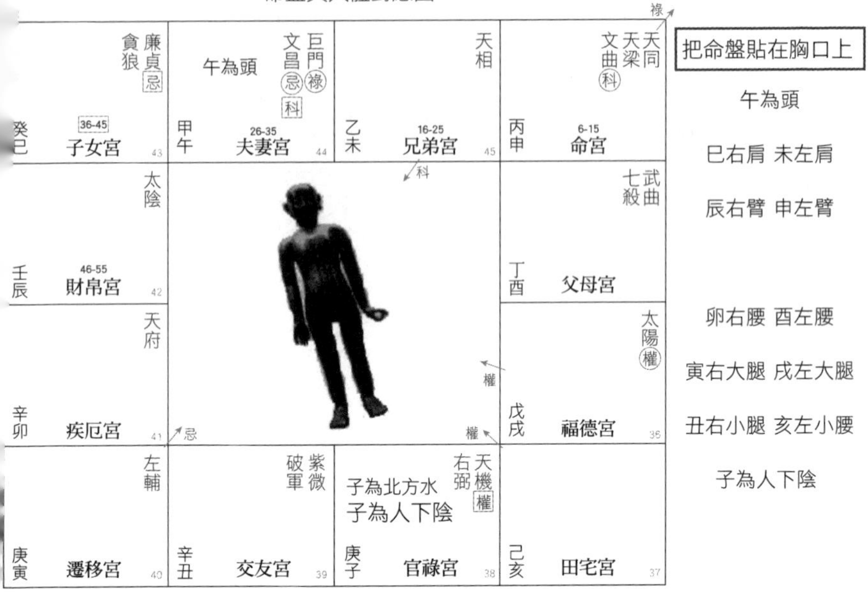
廉貞忌 貪狼
36-45
癸巳 子女宮 43
午為頭
巨門祿 文昌忌科
26-35
甲午 夫妻宮 44
天相
16-25
乙未 兄弟宮 45
天同 天梁 文曲科
6-15
丙申 命宮
祿
太陰
46-55
壬辰 財帛宮 42
七殺 武曲
丁酉 父母宮
天府
辛卯 疾厄宮 41
忌
科
權
權
太陽權
戊戌 福德宮 36
左輔
庚寅 遷移宮 40
紫微 破軍
辛丑 交友宮 39
天機權 右弼
子為北方水
子為人下陰
庚子 官祿宮 38
己亥 田宅宮 37
把命盤貼在胸口上
午為頭
巳右肩 未左肩
辰右臂 申左臂
卯右腰 酉左腰
寅右大腿 戌左大腿
丑右小腿 亥左小腰
子為人下陰

自化祿」，就可能左肩看起來好好的樣子，但是實際上是很痛的；也可能會痛幾天，然後又好像中間有一天不痛。

這個命盤，流年踏田宅宮，流月1月是福德宮，財帛宮是7月，子女宮是8月，夫妻宮是9月。生年癸貪狼忌，再轉己文曲忌入財帛宮，就會影響到「7月」。流月8月，疾厄宮壬武曲忌入官祿宮（流月疾厄宮）也會相應的。夫妻宮壬武曲忌入官祿宮，逢生年癸貪狼忌，沖夫妻宮（農曆9月），就會有比較明顯的問題。

用「命盤與方位圖」（上圖）來看，上面的命盤，貪狼忌在未，所以就是左肩，這個就是看生病的部位。

看病不用考慮宮位，十二宮「宮宮都是病」。如果遇到「多忌」，病情就會嚴重，像遇到「生年忌」，就會「引動」生年忌的力量加重破壞力。要想改善或者治癒疾病，就要自己找祿、權、科，不要交忌的。先要會看病，再來看解決之道，一門深入之後，後面就會簡單多了。

學生A：這個父母宮丙廉貞忌入兄弟，大家在看大限流年的時候，會怎麼取象呢？取兄弟生年忌（大限兄弟忌入本命兄弟）？兄弟忌入子女（大限兄弟忌入大限子女）？還是會回歸本命：父母忌入兄弟？

周星飛：若本命的父母忌入本命兄弟（流年子女），沖本命交友，是不是就可以用「忌入子女，沖田宅」來解釋？我認為有很大的問題的，畢竟原命盤上是「忌入兄弟，沖交友」。不過，如果原命的田宅，也化忌入兄弟或交友，「交忌」之後就可以用「忌入子女，沖田宅」的解釋了。

學生C：以原命盤來說，父母化忌入兄弟宮，大限踏福德，那就變成大限兄弟宮化忌入本命兄弟宮，相應了。那這個大限就會發生父母化忌入兄弟的象義。

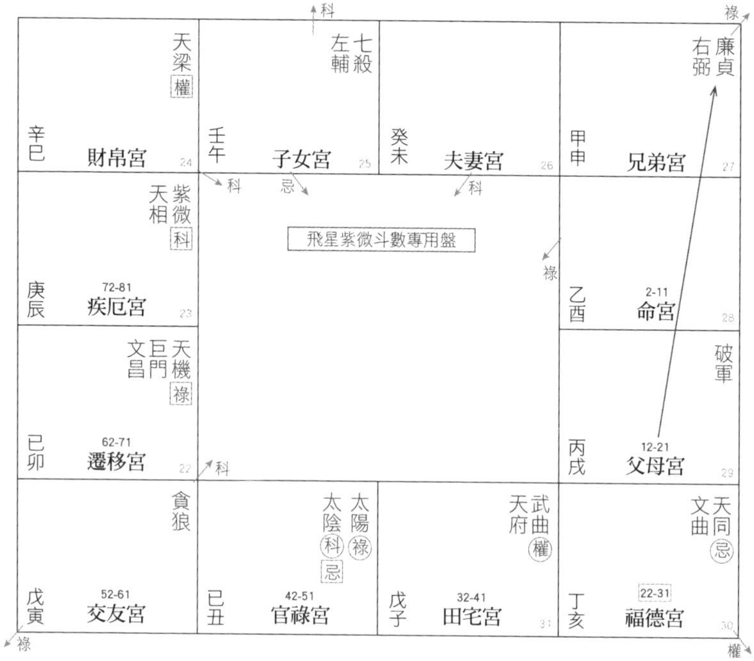
飛星紫微斗數專用盤
天梁 權
辛巳 財帛宮 24
七殺 左輔
壬午 子女宮 25
癸未 夫妻宮 26
廉貞 右弼
甲申 兄弟宮 27
紫微 天相 科
庚辰 72-81 疾厄宮 23
乙酉 2-11 命宮 28
天機 巨門 文昌 祿
己卯 62-71 遷移宮 22
破軍
丙戌 12-21 父母宮 29
貪狼
戊寅 52-61 交友宮
太陽 太陰 祿 科 忌
己丑 42-51 官祿宮
武曲 天府 權
戊子 32-41 田宅宮
天同 文曲 忌
丁亥 22-31 福德宮 30
科
祿
忌
權

學生A：那一個十年發生的情況，不就是看大限嗎？比如相應，這個大限，大限兄弟忌入本命兄弟，取父母忌入兄弟、兄弟生年忌。那今年，流年交友忌沖本命交友，又怎麼取呢？還是父母忌入兄弟嗎？

周星飛：比如說相應，是這樣子用的：

1、父母（大限兄弟）丙廉貞忌入兄弟，相應兄弟，會發生父母忌入兄弟和廉貞忌的事。

2、視同兄弟宮有生年忌。

學生C：今年是流年交友忌沖本命

交友。那今年可能是說，工作上給我的壓力大。想做點成績，可能忙著工作就變宅了和朋友少聯繫了。

周星飛：父母（流年交友）以丙廉貞忌入兄弟，沖本命交友。還是相應了，相應「交友」，有些「不一樣了」。

學生Ａ：那怎麼取象呢？

周星飛：就會產生，父母忌入兄弟，沖交友的象義和廉貞忌。

1、跟交友有關。

原命盤是「父母丙廉貞忌入兄弟，沖交友」，對吧？

學生Ａ：嗯。

周星飛：這個是「主軸」，當然這個象義有很多。今年「相應」是交友，就要再參考「交友宮的含意」。如果是相應兄弟，就參考「兄弟宮的含意」。

學生Ａ：就取父母忌入兄弟中，偏重沖交友的象義。

周星飛：是，偏重「沖交友」的象義。

學生Ａ：懂了，這樣就可以縮小象義範圍。

學生Ｃ：老師，比如今年，流年交友化忌沖本命交友，那今年就可能發生父母化忌入兄弟沖交友的象義，對嗎？

周星飛：對。所有的事，都先「集中」在父母忌入兄弟的象義裡，然後再「細分」，這樣子才不會亂。學習先不要「亂」，先求「穩定」，比較好一點。然後，如果將來你覺得忌入大限子女沖大限田宅，是可以「用的」，那你再慢慢研究即可，因為研究斗數好傷神啊！

學生Ａ：嗯，遵命。

周星飛：像今年，你財帛（流年命宮）辛巨門祿入遷移，照命。相應「命」，當然會產生幾個象義：

1、財帛祿入遷移。

2、命祿入遷移。

學生Ａ：嗯。

周星飛：流年命祿入遷移、父母之類的，都是「好看、圓融」。

學生C：那命主22歲流年踏遷移，進入福德大限，就變成大限兄弟化忌入本命兄弟沖流年的兄弟。那這一年如果命主還在讀書，可以想像他這一年讀書上的壓力很大，想有好成績，天天讀身子也虛。也是忙著讀書，變宅了和朋友聯繫少了。

周星飛：是，忌入兄弟，沖交友，當然人際關係就少了，什麼事都自己做。也有競爭力不足，或是「不想跟人競爭」。

學生A：是，那年大年三十晚（過年除夕），還在上培訓，很辛苦的。

周星飛：忌入兄弟就是「求有成就」，將來想說「讀書能出頭天」，幹大事，對吧？

學生A：是。

周星飛：還是在「合理的象義的解釋」呢！

學生A：那年搬出寢室，一個人埋頭苦幹。

周星飛：不過逢到「兄弟甲廉貞自化祿」，似乎有點「自得其樂」。

學生Ａ：嘿嘿，是啊！忙得不亦樂乎。

周星飛：還覺得前途有點「光明」。

學生Ａ：嗯。那年選修７、８門課，為了刷分。

周星飛：當然，父母丙廉貞忌入兄弟，也是長官要給你「幹大事」。逢到兄弟甲廉貞自化祿，要「利用你的長處」，劫你的祿。

學生Ｃ：那這個大限，想必命主工作上的壓力、長輩的壓力、老闆的壓力都很大。想做出成績，忙得少了交際，想幹大事。

學生Ａ：對，這個大限我才工作就已經體會到了，現在茅塞頓開。

周星飛：要學的是這個合理的解釋範圍。

學生Ｃ：比如，你的福德坐生年忌，丁巨門忌入遷移，這個就是福份不好、天不從人願象。那到了官祿宮的大限，這個大限就會比較悲情，老是有不滿現狀，但是又沒有辦法滿足自己的願望就會很煩了。

周星飛：「福德坐生年忌，丁巨門忌入遷移，這個就是福份不好、天不從人願象。」

這個解釋怪怪的，福份不好，天不從人願？

學生Ａ：之前看書，說最倒楣的大限飛化，就是大限命宮忌沖本命命宮，忌沖體。

周星飛：這個好「形而上學」。有多倒楣？太天馬行空了。

學生Ａ：對啊，我也想知道。因為回歸本命，就是忌入遷移的象義。

周星飛：沒解釋的形容，都是扯淡，有空還是把象義翻一翻。

學生Ｃ：我是看師公的書裡老是這麼講。說法是挑剔在外的事情，遷移又轉忌入福德，就是挑剔在外的事情又讓自己煩，也就是自作自受。

周星飛：千萬不要去外面論命，就說「大限很倒楣」，會產生兩個結果：

１、傷人心。

２、被丟石頭。

學生Ａ：嘿嘿，我被丟了。

周星飛：講這種「倒楣、好壞」，這種「形容詞」是沒什麼意義的。

學生Ｃ：理解。

學生A：是。

周星飛：老師的說法是挑剔在外的事情，遷移又轉忌入福德，就是挑剔在外的事情又讓自己煩，也就是自作自受。

學生A：是。

周星飛：我想先求「無過」，再求有功，別求功也帶來了過。要學的是正確的命理，而不是學了一堆的命理，發現是「錯的」，那就「回頭太難了」。

學生A：所以我還是先抄師公的《生命解碼》吧！我就是抄書的過程中有很多疑惑，忍不住亂想一通。

周星飛：當然，學習的過程會去思考很多的問題不過我都建議，先抄幾篇文章之後，再來想問題比較好，這樣子的思考比較能「集中」，因為你在抄A案例，就會想很多問題，可能接著抄B案例的時候，A案例的問題就會想到答案了。

學生C：是這樣的。

學生A：嗯，是的。

七、老師講一吃素持戒的例子

學生Ａ：我感冒了，在家養病。我感冒通常很久才會好，20天好就不錯了，而且現在還發燒，一感冒人就沒精神，外出諸事不宜，所以安心在家養病。

學生Ａ：2013年這個月（九月）踏交友。

周星飛：交友以丙廉貞忌入「子女」，跟田宅的「癸貪狼忌」對沖。廉貞忌像「毒」，比如說你住的地方有沒有什麼「臭味」？或是有沒有人請你吃了什麼「不乾淨的」？

學生Ａ：沒有。對，好像門口賣的菜有點不乾淨，這兩天有點鬧肚子，我最近吃素。

周星飛：丙廉貞忌入子女，當然扯上廉貞忌有「持戒之象」，也可能多了「性慾」，也可能是多了「持戒」。

學生Ａ：我吃素好久了呀！有道理。

飛星紫微斗數專用盤
天梁
丁巳 62-71 遷移宮 31
七殺 右弼
戊午 52-61 疾厄宮
己未 42-51 財帛宮
廉貞 左輔
庚申 32-41 子女宮 22
紫微 天相
丙辰 72-81 交友宮 30
辛酉 22-31 夫妻宮 23
天機 巨門 文昌 權 權
乙卯 官祿宮 29
破軍 祿 祿
壬戌 12-21 兄弟宮 24
貪狼 忌 忌
甲寅 田宅宮 28
太陽 太陰 科 科
乙丑 福德宮 27
武曲 天府
甲子 父母宮 26
天同 文曲
癸亥 2-11 命宮 25
科
權
祿忌
權
祿
祿
忌
科

周星飛：廉貞忌入「子女」，也會有「發炎之象」。在「田宅之外」，當然也可能「生殖器」發炎。

學生A：理解，怪不得感冒了。最近天也不冷，就感冒了，會病很久嗎？

周星飛：跟貪狼忌一對沖，就容易傷「貪狼」、精氣神。因為是對沖了，至少三忌，而且沖的是「田宅」，用沖的會很嚴重的。但是沖過就好了，不過可能會把你的「精、氣、神」給沖光光的。這個就像「女神找你」，把精、氣、神吸光光是一樣的道理。

學生A：理解。今天九月初八。

到十月初一才會好呀？看來又要病20天。

周星飛：應該會沖很久的，不過「流年命宮」沒有忌進去，所以應該病得不久的。跟流月的命宮有破，所以我想最少是一個月以上的。

學生Ａ：我還想這個月開始去教學呢！課件都做好了，卻感冒了，。怕傳染學生，不敢教了。

周星飛：交友丙廉貞忌入「子女」，這個也是「交友」來合夥了，或是「交友」來當學生了。

學生Ａ：理解。對了，過幾天有一個慈善晚會，要我去參加，說要給我發慈善證書。我答應去參加了。

周星飛：嗯，好啊！那可能是要「錢」的。

學生Ａ：據說是免費的，主辦人說不要錢。當然了，也需要錢，不過不用我出錢。

周星飛：交友丙廉貞忌入「子女」，叫你「要多有善心」，為人多付出，沖田宅，當然是要錢要人的。

學生Ａ：明年我繼續大量捐款。嗯，理解。

周星飛：但是你田宅貪狼雙忌，有錢再說吧！或是錢通通都出去了也沒關係。

學生Ａ：我是沒錢也會捐呀！對，錢財乃身外之物，要用來普渡眾生。

周星飛：忌多了就會「扭曲的」。田宅的忌多了：

1、也可能很「小氣」一毛不拔。

2、也可能很大方「什麼都給」。多忌的就扭曲了，這個觀念很重要的。

學生Ａ：理解，這兩個特點我都具備。捐款沒得說，我會捐很多。但朋友借錢，我會一毛不拔。

周星飛：「流月命宮」扯上「廉貞忌」，都可能會「持戒」，但是也可能「縱欲」。

學生Ａ：我吃素是從2012年元宵節左右開始。

周星飛：下頁上面是我的盤。像我也是有「偶爾」持戒的，不過我吃素很久了，所以我認為「遷移」有忌的，持戒能力比較高。像師公是命壬武曲忌入遷移，是有持戒力。另一張命盤遷移的忌轉忌，串連廉貞忌，或是生年丙廉貞忌，轉忌入遷移都是「持戒」之一。

忌
祿
廉貞 忌
貪狼
癸巳
36-45
子女宮
43
巨門 祿
文昌 忌 科
甲午
26-35
夫妻宮
44
天相
乙未
16-25
兄弟宮
45
天同 祿
天梁
文曲 科
丙申
6-15
命宮
科
太陰
壬辰
46-55
財帛宮
42
飛星紫微斗數專用盤
武曲
七殺
丁酉
父母宮
天府
辛卯
56-65
疾厄宮
41
忌
權
權
太陽 權
戊戌
福德宮
36
左輔
庚寅
66-75
遷移宮
40
紫微
破軍
辛丑
76-85
交友宮
39
天機 權
右弼
庚子
官祿宮
38
巳亥
田宅宮
37

祿
忌
權
武曲
破軍 祿
癸巳
2-11
命宮
28
太陽
左輔
甲午
父母宮
29
天府
乙未
福德宮
30
天機 權
太陰 科
右弼
丙申
田宅宮
31
天同 祿
壬辰
12-21
兄弟宮
27
飛星紫微斗數專用盤
紫微
貪狼 忌
丁酉
官祿宮
文曲
科
辛卯
22-31
夫妻宮
26
科
祿
祿
巨門 權
戊戌
72-81
交友宮
庚寅
32-41
子女宮
25
廉貞
七殺 忌
辛丑
42-51
財帛宮
24
天梁
庚子
52-61
疾厄宮
23
天相
文昌 科
巳亥
62-71
遷移宮
22

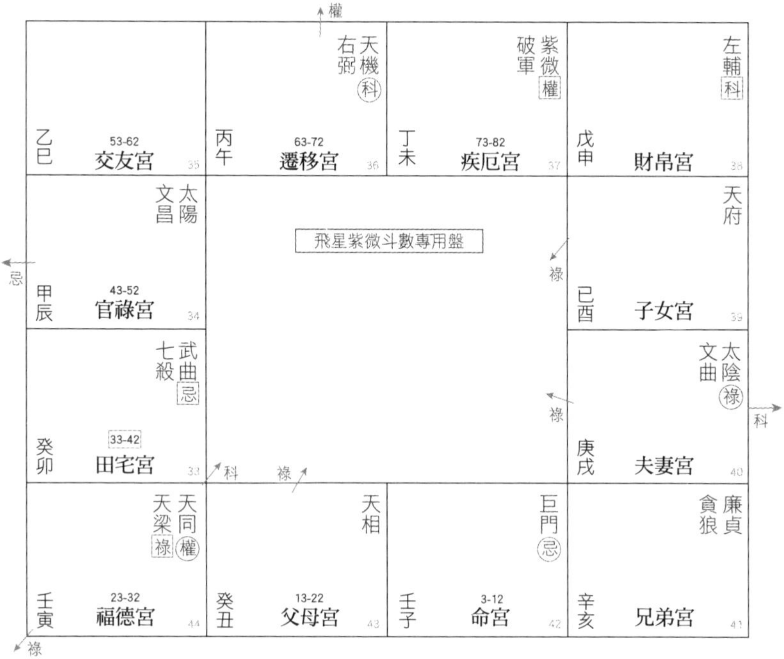
權
天機
右弼
科
紫微
破軍
權
左輔
科
乙巳 53-62 交友宮 35
丙午 63-72 遷移宮 36
丁未 73-82 疾厄宮 37
戊申 財帛宮 38
太陽
文昌
忌
甲辰 43-52 官祿宮 34
飛星紫微斗數專用盤
祿
天府
己酉 子女宮 39
武曲
七殺
忌
癸卯 33-42 田宅宮 33
祿
太陰
文曲
祿
科
庚戌 夫妻宮 40
科
祿
天同
天梁
權
祿
壬寅 23-32 福德宮 44
祿
天相
癸丑 13-22 父母宮 43
巨門
忌
壬子 3-12 命宮 42
廉貞
貪狼
辛亥 兄弟宮 41

周星飛：右邊下面這張盤也是有持戒的。

學生B：師公的命例中，有講一個持戒的，上面是命盤。

原文是：「天梁屬佛、菩薩，轉壬武曲（吃素星）忌於田宅，理應茹長素。唯此武曲忌為命忌所破，素緣難全；但至少應吃早齋及初一、十五全素。」

所以，按照師公的理論，可能還是單忌比較好。

周星飛：是。多忌就會「扭曲」，

飛星紫微斗數專用盤
天梁
丁巳 62-71 遷移宮 31
七殺 右弼
戊午 52-61 疾厄宮
己未 42-51 財帛宮
廉貞 左輔
庚申 32-41 子女宮 22
紫微 天相
丙辰 72-81 交友宮 30
辛酉 22-31 夫妻宮 23
天機 巨門 文昌 權 權
乙卯 官祿宮 29
破軍 祿 祿
壬戌 12-21 兄弟宮 24
貪狼 忌 忌
甲寅 田宅宮 28
太陽 太陰 科 科
乙丑 福德宮 27
武曲 天府
甲子 父母宮 26
天同 文曲
癸亥 2-11 命宮 25
科
權
祿忌
權
祿
祿
忌
科

不是超級持戒，就是超級亂，貪官好色。

學生A：理解。我也是一般持戒。朋友請客時，有肉我還是吃的。我自己買飯都是吃素的。

周星飛：像這種「生活化的命理」，有多少人在研究呢？

學生B：我堅持在看流日，不過發現象義有點對不上。

周星飛：嗯，當然。

1、象義解釋得不夠好。

2、飛化找錯了。

如果把一個人的心情、行為都能「掌握清楚」，那命理就很通達了。所以學生A，你吃素很好，但是小心食物的乾淨，不然容易「發炎」。

交友廉貞忌入子女，再轉庚天同忌入命。廉貞忌、天同忌，就是消化系統發炎，還有天同忌，也可能「會水腫」，所以你可以摸看看腋下的淋巴，是不是有腫腫的？會痛？而且子女在申，應該在「左上方」。

學生A：有點痛，腫倒不腫，我一感冒，就會渾身關節痛。

周星飛：交友廉貞忌入子女，再轉庚天同忌入命。然後天同旁有個文曲忌。這個也串連廉貞忌、文曲忌，也是會容易有點「痔瘡的」。如果吃辣多一點，就容易「大腸」上火，就肛門痛了。

學生A：幸好我不喜歡吃辣，也沒有痔瘡。除了腎虛，其他的一切健康吧！

周星飛：貪狼多忌的，這個也是先天的問題的。

學生A：只有氣功能解。

周星飛：當然，只是遷移也是破進去了，只怕有時候會「練錯了」。

學生Ａ：我拜師練功，自己不亂練，應該沒問題吧！

周星飛：練錯：

１、老師教錯也是。

２、自己練錯也是。

畢竟遷移來的忌還是跟貪狼交忌了，父母交忌了。有時候老師頭腦一抽筋就說錯了，或是你頭腦也一抽筋就想錯了，這是很正常的，像我也會啊！

學生Ａ：那只能走一步看一步啦！這種事也防不勝防吧！總不能不練了吧！

八、老師講賣房子的例子

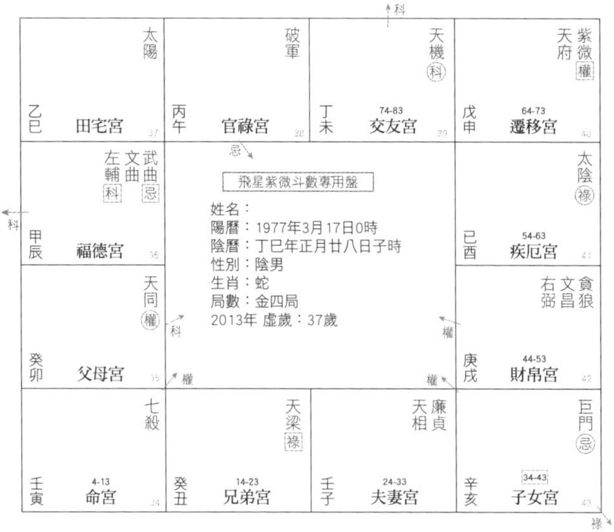
太陽
乙巳 田宅宮 37
破軍
丙午 官祿宮 38
天機 科
丁未 74-83 交友宮 39
紫微 權 天府
戊申 64-73 遷移宮 40
武曲 忌 文曲 左輔 科
甲辰 福德宮 36
飛星紫微斗數專用盤
姓名：
陽曆：1977年3月17日0時
陰曆：丁巳年正月廿八日子時
性別：陰男
生肖：蛇
局數：金四局
2013年 虛歲：37歲
太陰 祿
己酉 54-63 疾厄宮 41
天同 權
癸卯 父母宮 35
貪狼 文昌 右弼
庚戌 44-53 財帛宮 42
七殺
壬寅 4-13 命宮 34
天梁 祿
癸丑 14-23 兄弟宮
廉貞 天相
壬子 24-33 夫妻宮
巨門 忌
辛亥 34-43 子女宮 43
科
忌
科
科
權
權
權
權
祿

學生A：老師，請教個問題，假如我在原來公司有原始股，我想賣個好點的價格，該以誰立太極呢？

周星飛：當然還是以「你的田宅」來看看了，看會不會「發財」。

學生A：能看到時間點嗎？

周星飛：不過這個時間點的掌握，我還是不行的。

周星飛：猜錯的機會很大。

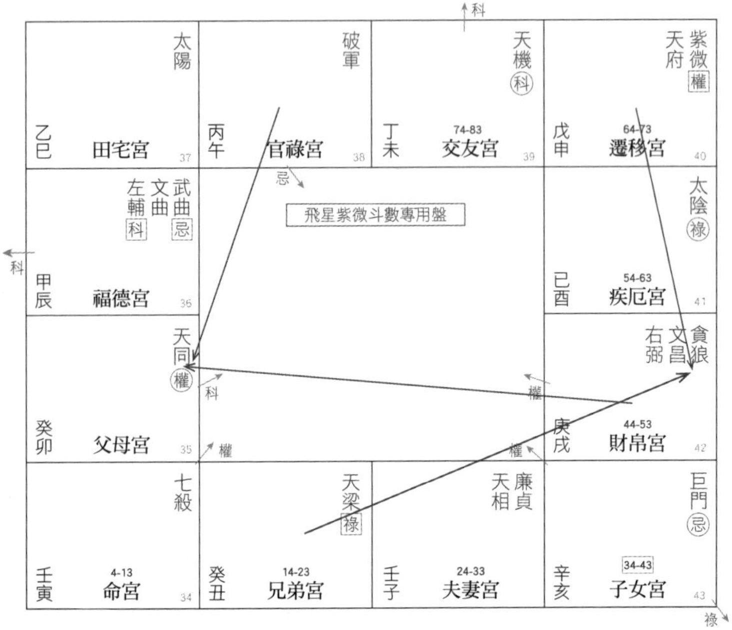
飛星紫微斗數專用盤
乙巳 田宅宮 太陽
丙午 官祿宮 破軍
丁未 74-83 交友宮 天機 科
戊申 64-73 遷移宮 紫微 權 天府
甲辰 福德宮 武曲 忌 文曲 左輔 科
己酉 54-63 疾厄宮 太陰 祿
癸卯 父母宮 天同 權
庚戌 44-53 財帛宮 貪狼 文昌 右弼
壬寅 4-13 命宮 七殺
癸丑 14-23 兄弟宮 天梁 祿
壬子 24-33 夫妻宮 廉貞 天相
辛亥 34-43 子女宮 巨門 忌

學生Ａ：那請研究一下，到時來驗證。

學生Ａ：大概可能在踏父母宮的時候拋售。

周星飛：田宅的祿轉忌，逢到生年忌，這可能「好事打折」，不過也有個「子女辛巨門自化祿」。我的解釋就是你賣股，可能「人人說好」，得祿了。又得「自化祿」，人人說好。但是子女有個生年忌，合夥有債，就不容易「如意」。比如說要賣，別人不肯。或是要賣可以，但錢要打折，或是要賣，「時間」上就給你拖著。

學生Ａ：計畫是賣了給我那個有問題

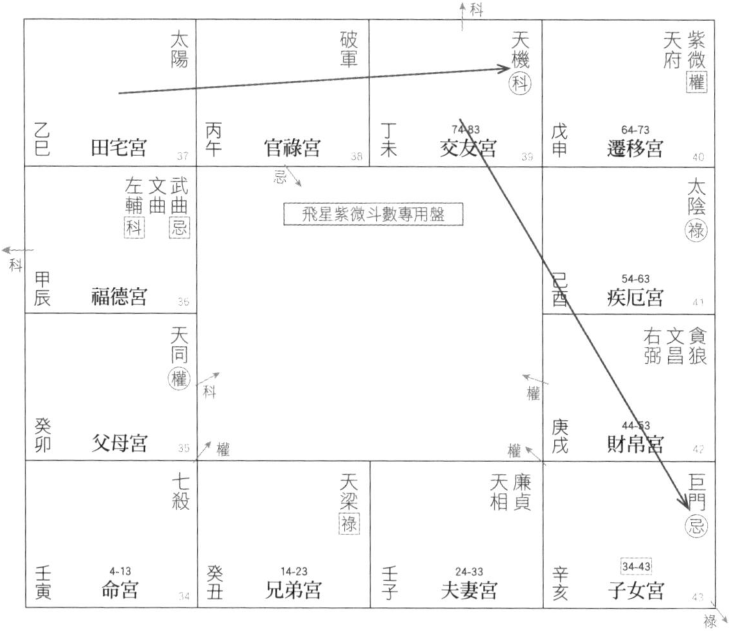
飛星紫微斗數專用盤
太陽
乙巳 田宅宮 37
破軍
丙午 官祿宮 38
天機 科
丁未 74-83 交友宮 39
紫微 權 天府
戊申 64-73 遷移宮 40
武曲 忌 文曲 左輔 科
甲辰 福德宮 36
太陰 祿
己酉 54-63 疾厄宮 41
天同 權
癸卯 父母宮 35
貪狼 文昌 右弼
庚戌 44-53 財帛宮 42
七殺
壬寅 4-13 命宮 34
天梁 祿
癸丑 14-23 兄弟宮
廉貞 天相
壬子 24-33 夫妻宮
巨門 忌
辛亥 34-43 子女宮 43

的兒子買房。對，本來下週就能賣，但公司要求按照他們的安排來賣。

周星飛：而且田宅乙天機祿入交友，這個是有「住在人多的地方」，交通方便。逢生年丁天機科，比如說有可能會住「三樓」，而且科也是三，也可能分三次賣。

學生A：對，要三次才能弄完。

周星飛：祿入交友三方，也是「虛」的，好看不中用，或是過手財。

學生A：有可能是的，賣了就變成去買房了。

周星飛：像「祿轉忌的落點在子女」，這個就是你說的「為了小孩」。忌是「固定」，田宅祿入交友三方，容易住人多的地方，熱鬧的，不過又逢「生年忌」好事會打折。比如說熱鬧，但是也很「吵」，還有在「子女」，也容易住「近學校的地方」。

學生Ａ：這有可能，得兼顧小的，以後讀書。

周星飛：比如說「房子的長、寬、高」，像田宅祿入子女，可能「門前寬」。

學生Ａ：這個還不能理解，為什麼祿入子女門前寬呢？

學生Ｂ：子女為田宅的遷移。

周星飛：可以想像一下是「對宮」，眼睛「看出去的地方」。

學生Ａ：那明白了。

學生Ｃ：田宅宮是房子，子女宮是房子的外面，外面有祿，是不是大？

周星飛：都是「對宮」。

學生Ａ：光線好？

學生Ｂ：祿是舒適、剛好。

周星飛：像子女宮有生年丁巨門忌，可能「門前不寬」，但是有個辛巨門自化祿，看起來又是很寬，這個就有可能。

學生A：像是被擋了。

周星飛：如果住1-3樓，可能前面被擋住了。那住5、6、7樓，前面就沒被擋。當然也可能「有一邊被擋，一邊不被擋」。有忌也有「祿」，那也可能你現在住的是「沒被擋的」，但是可能過不久，對面就蓋起了新房就被擋了，這個都是合理的解釋。

學生A：這個狀況跟我在四川那邊住的情況一樣，原來住8樓，後來前面蓋個賓館就被擋了一半。

周星飛：我上面說的都是象義，但是也是很符合命主的情況的。

學生A：很給力。

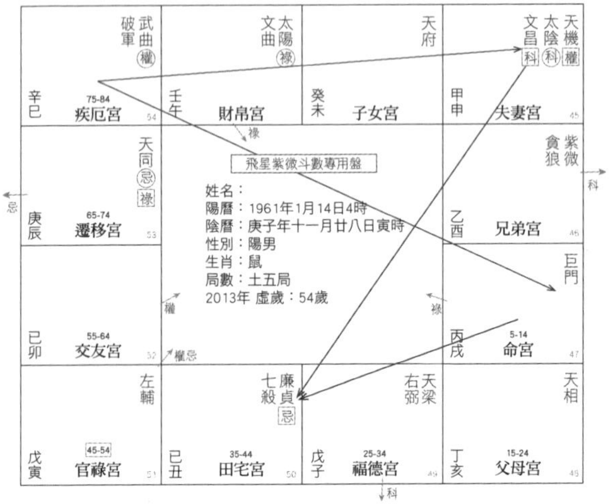
武曲 破軍 權
辛巳 75-84 疾厄宮 54
太陽 文曲 祿
壬午 財帛宮
天府
癸未 子女宮
天機 權 太陰 科 文昌 科
甲申 夫妻宮 45
天同 忌 祿
庚辰 65-74 遷移宮 53
紫微 貪狼
乙酉 兄弟宮 46
飛星紫微斗數專用盤
姓名：
陽曆：1961年1月14日4時
陰曆：庚子年十一月廿八日寅時
性別：陽男
生肖：鼠
局數：土五局
2013年 虛歲：54歲
巨門
己卯 55-64 交友宮 52
丙戌 5-14 命宮 47
左輔
戊寅 45-54 官祿宮 51
廉貞 忌 七殺
己丑 35-44 田宅宮 50
天梁 右弼
戊子 25-34 福德宮 49
天相
丁亥 15-24 父母宮 48
祿
忌
科
權
權忌
祿
科

「流年命忌入夫妻」與「流年命跟夫妻交祿在田宅」，以上是兩碼事，不同的飛化會講不同的事。

第1點、疾厄（流年命）辛文昌忌入夫妻

象義有二：

(1)、疾厄忌入夫妻：疾厄忌入夫妻，可能變瘦，或是工作「場所」異動，會導致失業，事實上，命主的長官正要「調動他換另一個位置」→命主打算退休了。

(2)、流年命忌入夫妻：就是「自己不想幹了，

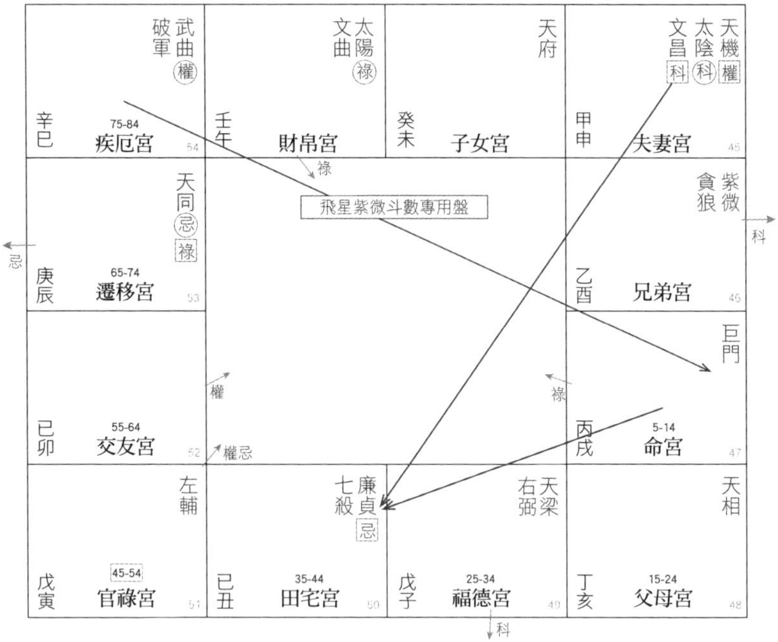
武曲 權
破軍
辛巳 75-84 疾厄宮 54
太陽 祿
文曲
壬午 財帛宮
天府
癸未 子女宮
天機 權
太陰 科
文昌 科
甲申 夫妻宮 45
天同 忌 祿
庚辰 65-74 遷移宮 53
飛星紫微斗數專用盤
紫微
貪狼
乙酉 兄弟宮 46
巨門
己卯 55-64 交友宮 52
丙戌 5-14 命宮 47
左輔
戊寅 45-54 官祿宮 51
廉貞 忌
七殺
己丑 35-44 田宅宮 50
天梁
右弼
戊子 25-34 福德宮 49
天相
丁亥 15-24 父母宮 48
祿
忌
科
權
權忌
祿
科

累了」。此外，說忌入夫妻是感情執著，也是對的。

第2點、流年命跟夫妻交祿在田宅

疾厄宮（流年命宮）辛巨門祿入命，轉丙廉貞忌入田宅，逢夫妻宮甲廉貞祿來會。

(1)、疾厄跟夫妻交祿：看起來是「能娶老婆」或是有好的對象。

(2)、也可能會變「胖」。

(3)、也可能會發大財，交祿在「田宅」，或是物質生活過得很好了。

學生A：老師，為什麼疾厄跟夫妻

交祿主變胖呢？

周星飛：忌入夫妻，不是「變瘦」嗎？那肉體跟夫妻交祿在「田宅」，大概不同居就是結婚了。發財是因為「雙祿入田宅」，祿入田宅三方都是「物質生活變好」。

學生A：如果單純流年命忌入夫妻，感情上是不是理解成：流年可能會有感情事發生，並且會有一個異性朋友讓你疼、讓你執著？

周星飛：可以，不過這只是「其中的解釋之一」，但不是「一定」會發生的，「流年命忌入夫妻，沖官祿」，這兩個要一起解釋，不能「只解釋一個」，不然容易「顧此失彼」。

學生A：那老師，如果當事人已婚，流年命忌入夫妻，流年命跟夫妻交祿在田宅，是解讀成：他們配偶的感情狀況？還是他今年可能外遇？

周星飛：我說那只是解釋的一種，你不能硬說別人有外遇，總不能「只有一個解釋」：你一定劈腿。這樣的解釋很容易「被打」。算命是「預測」，不是「絕對」，萬一是「另一半」來問的，你說妳老公「外遇了」，回家不吵架才怪，所以要「滑頭一點」，只要在「命理的範圍」都可以解釋的，但是別只「單純」解釋一種。變瘦、變胖都是一種「情況」，忌入夫妻，是一種情況，沖官祿又是另一種情況，都要解釋的。

後序

「師父領進門，修行在個人」，只要「方法」對了，剩下就是「經驗」，所以不管是「祿轉忌」或是「忌轉忌」，只要是用這種方法去斷事，必然「錯誤少」。

我跟大家說，我也跟你們一樣，學了之後，還是自己要去不斷的練習的，然後老師「點提」一下，並沒有說老師隨時在教我的。我們最常遇到的學習關卡，就是學了之後，不知道有沒有用！然後猜錯了幾件事，就覺得這個學習「可能」是有問題的，進而開始懷疑自己學的對不對。

反過來說也是一樣的，我們最常遇到學習的關卡，就是學了之後，不知道有沒有用！然後猜對了幾件事，就覺得這個學習「可能」是對的，進而開始自大自己所學的。這兩件事是最常發生的事：「沒自信」跟「自大」。

學習，總是要先有興趣才能進步的。解盤手法裡「四化走天下」很簡單也很好用，然後有了興趣之後，再來就會開始往更深的地方去學習的。這個也是我教學之後的經驗啊！

絕不是死板板的教一些道理，也不是教一些自言自語的命例，而是要你們自己能動手去印證所學，有了信心之後，就自然能提起勁繼續學習的，「師父領進門，修行在個人」，不是一直教一直教，這個就變成「被動的」。

當然偶爾有人「鞭策是對的」，像我最近都跟朋友去運動，因為：

1、我覺得「身體健康是重要的」，所以我會想去做。立定目標。

2、有朋友一起約，很有趣，所以我會想去做。共同學習。

學習命理也是這個道理的。

1、命理是重要的。立定目標。

2、有人一起學習，很有趣。共同學習。

我一直在創造一個「學習的環境」，就是一群人「有共同的學習目標、學習方法」，然後能相互提升的。很多人放棄了，也是因為「沒興趣了」或是「為了要賺錢生活」，不過只要「興趣」還在，都有可能會「重拾」命理來學習的。也可能 50-60 歲之後，退休了又拿起命理的書出來學習了。只要共同的學習環境還在，就有機會繼續學習的。

其實有些學習命理的人也是一樣的，偶爾學到了命理、命例，就拿著這個「命理、命例」去斷事，然後斷對就不可一世，斷錯就咬定別人是錯的或是不認錯就硬扯到底，這個想法跟做法是很危險的。我常常在網路上跟人筆戰，倒也不是爭什麼誰對誰錯的，而且常常遇到對方斷語很難聽、很死板、很傷人。比如說動不動看到命盤就說「桃花旺、性慾旺」，然後就丟一句「會害」（很可憐之意），「斷得莫名其妙」，斷得無厘頭，梁老師常說「思想不要偏臭了」，看到命盤，千萬別只想著「桃花旺、性慾強」，免得想法偏臭，那個不是無聊嗎？

就像同樣的問題，我跟 a 男八字合嗎？下次問：我跟 b 男八字合嗎？網路上有人無聊著，你也跟著無聊了？當然有時候陪著別人無聊一下也對，不過我還是會說開個馬甲再去玩，別讓「小鬼纏身」免得蛋疼。

外面很多門派的命理都是「一路黑到底的學習」，比如說看到忌就說「像下地獄一樣的壞」，看到祿就說「像上天堂一樣的好」，就只有「一個解釋」。你們學了梁派飛星，千萬別「一路講到黑」，學習多一點的象義解釋，就可以應付更多不同的人，這個四化的內涵還是要多多的學習的，很妙的。

國家圖書館出版品預行編目資料

飛星紫微斗數，這樣學最快懂／周星飛著.
——第一版——臺北市：知青頻道出版；
紅螞蟻圖書發行，2015.6
面　；　公分——(Easy Quick；144)
ISBN 978-986-5699-62-8（平裝）

1.紫微斗數

293.11　　104006451

Easy Quick 144
飛星紫微斗數，這樣學最快懂

作　　者／周星飛
發 行 人／賴秀珍
總 編 輯／何南輝
校　　對／周英嬌、周星飛
美術構成／Chris' office
出　　版／知青頻道出版有限公司
發　　行／紅螞蟻圖書有限公司
地　　址／台北市內湖區舊宗路二段121巷19號（紅螞蟻資訊大樓）
網　　站／www.e-redant.com
郵撥帳號／1604621-1　紅螞蟻圖書有限公司
電　　話／(02)2795-3656（代表號）
傳　　真／(02)2795-4100
登 記 證／局版北市業字第796號
法律顧問／許晏賓律師
印 刷 廠／卡樂彩色製版印刷有限公司
出版日期／2015年 6月　第一版第一刷
2023年 1月　　第五刷（500本）

定價 280 元　港幣 94 元

ISBN 978-986-5699-62-8　　Printed in Taiwan